Thomas Wanninger

Kritik der Inneren Führung
Eine Konzeption der Wehrhaftigkeit in der Demokratie

Kritik der Inneren Führung

Eine Konzeption der Wehrhaftigkeit in der Demokratie

Thomas Wanninger

2023

Carola Hartmann Miles-Verlag

Bibliografische Information der Deutschen Nationalbibliothek
Die Deutsche Nationalbibliothek verzeichnet diese Publikation in der Deutschen Nationalbibliografie; detaillierte bibliografische Daten sind im Internet über www.dnb.de abrufbar.

Titelbild: „φιλοσοφία – Philosophie der Wehrhaftigkeit"
                  Svenja Rubin

Herstellung: Books on Demand, Norderstedt

Printed in Germany

ISBN 978-3-96776-068-2

Meinem Vater
Alois Wanninger
Hauptmann a.D.

Schlechte Zeugen sind den Menschen Augen und Ohren, wenn die Seele deren Sprache nicht versteht.

Heraklit von Ephesos[1]

---

[1] Heraklit: Fragment 107, S. 33

Inhalt

1 Was ist Kritik? – Eine Hinführung

Individualität und Freiheit sind hohe Güter und alle Bürger unseres Landes können diese zurecht für sich beanspruchen. Individuelle Lebensansätze für private Entscheidungen und berufliche Entwicklungen gelten seit Jahrzehnten als Selbstverständlichkeit. Grau kontrastiert dagegen die Welt des Militärs. Individualität weicht dort auf den ersten Blick der Uniformität, Freiheit dem Befehl. Der Gebrauch von Waffen, der das Töten einschließt, ist jenseits gewohnter Gedanken. Man könnte fragen: Darf sich eine Demokratie in solch barbarische Abgründe erniedrigen, ohne sich selbst abzuschaffen, indem sie augenscheinlich ihren Wesenskern verleugnet?

In unserem Land gibt es viele Denkansätze, die für den Einzelnen oder eine Gruppe ein legitimes philosophisches Leitbild definieren. Diese verschiedenen persönlichen Philosophien sind immer dem Wandel unterworfen. Augen und Ohren müssen deswegen offenbleiben und die Seele (*psyche*) als traditioneller Ort des Bewusstseins und der Reflexion hat die Sprache der Sinneseindrücke zu entziffern. Was ist wichtig? Wie muss ich mich verändern und in welche Richtung hat sich demzufolge der Staat zu entwickeln? Diese persönlichen und gesellschaftlichen Fragen werden jeden Tag beim Blick in die Zeitung neu gestellt.

Spätestens seit dem Krieg in der Ukraine tritt die äußere Sicherheit als eine wichtige Frage der gesellschaftlichen Entwicklung wieder stärker in den Mittelpunkt. *Wehrhaftigkeit* als ein Leitbild des demokratischen Staates wird verstärkt diskutiert, und wo der Diskurs geführt wird, bildet sich eine Philosophie, die das Handeln Einzelner und ganzer Gruppen beeinflusst. Wehrhaftigkeit mit der Waffe und demokratische Friedenswerte scheinen vordergründig einen Widerspruch zu bilden. Dass dem nicht so ist, möchte dieses Buch aufzeigen. Zugleich soll in systematischer Form dargelegt werden, wie eine Streitkraft im demokratischen Kontext gesehen werden kann, damit Demokratie nicht am Kasernentor endet.

Die Anwendung von Gewalt und die Beanspruchung des Staatsbürgers für den Dienst an der Waffe muss begründet sein. Bloße Furcht vor potenziellen Feinden ist ein Gefühl und keine Begründung. Bündnisse sind eine formale Rechtspflicht und keine innere Begründung. Die

Wehrhaftigkeit der Bundeswehr begründet sich, wie zu zeigen ist, aus dem demokratischen Geist der Inneren Führung.

Die Innere Führung der Bundeswehr wendet sich an die Seele der Soldaten und zugleich an den inneren Kern unseres Staatswesens, in dessen Dienst für Recht und Freiheit jede/jeder Angehörige der Streitkräfte steht. Dieser Seele spürten die Gründungsväter der Inneren Führung nach. Aus der Überzeugung, dass eine deutsche Streitkraft nicht mehr der alten Wehrmacht gleichen darf, mussten Regeln und Abläufe geklärt werden, die bis heute die Bundeswehr prägen und ihr die Legitimation verleihen, wehrhaft für die Demokratie einzustehen.

Dieses Verdienst, vor allem der Generale Wolf von Baudissin, Ulrich de Maizière und Johann Adolf Graf von Kielmansegg, ist in die Jahre gekommen und es kann der Eindruck einer inhaltlichen und sprachlichen Entfremdung entstehen. Friedrich Schiller hatte Recht, wir sind nicht nur Staatsbürger, sondern auch Zeitbürger[2] und je weiter die Zeit entfernt liegt, umso ferner ist das Land der 1950/1960er Jahre, in denen die Bundeswehr und die Innere Führung Gestalt annahmen. Alle drei genannten Herren gehören der Generation der Großväter und für die heutigen Soldatinnen und Soldaten, die in den Einheiten und Verbänden ihren Dienst tun, zu den Urgroßvätern.[3] Damit sind die sogenannten Gründungsväter der Inneren Führung als Zeitzeugen abhandengekommen, die direkte Verbindung durch gemeinsame Lebenswirklichkeit ist unterbrochen, aus der unmittelbaren Anschauung entgleiten sie in das Gedächtnis der Fotographien und Begriffe.

Die zeitliche Entfernung zu den Anfängen, aber auch die fehlende Systematik haben dazu beigetragen, dass eine Erneuerung der Inneren Führung bzw. ein neues Narrativ gefordert wird. Zu nennen sind hier die Autoren Sven Lange, Nicolas Holz, Uwe Hartmann und Marcel Bohnert.[4] Ich möchte mich dieser Forderung ausdrücklich anschließen. – Deswegen soll in einleitenden Gedanken die Frage aufgeworfen werden, was ein solches Narrativ sein kann, weil diese Frage Richtung verleiht und zum Kern des Buches führen wird.

---

2 Vgl. Schiller, F.: Briefe zur ästhetischen Erziehung, S. 5
3 Vgl. auch Lange, S.: Fit fürs 21. Jahrhundert, S. 31
4 Jeder dieser Autoren wird im Laufe des Buches genauer besprochen, so dass die entsprechenden Belege an Ort und Stelle nachgereicht werden.

Durch die Tatsache, eine Innere Führung zu besitzen, ist die Bundeswehr seit Jahrzehnten ohnehin schon gut aufgestellt. Lange hat es gedauert, bis sogenannte Compliance-Regeln den ersten Schritt in die Innere Führung von Unternehmen gefunden haben. Anderen staatlichen Behörden fehlt Innere Führung vollständig. Die Bundeswehr ist sich oft gar nicht bewusst, welche Vorteile sie diesbezüglich bietet.

Um diesen Vorteil zu erhalten und zu festigen, bedarf es – so die These – einer bislang fehlenden Konzeption der demokratischen Wehrhaftigkeit für die Bundeswehr. Diese soll in einer geisteswissenschaftlichen Erzählung hier vorgelegt werden. Als neues Narrativ darf sie sich bezeichnen, weil sie ihren Ursprung in der Rhetorik nehmen wird.

I.

Ein Narrativ kann eine neue mitreißende Erzählung sein, die den Leser oder Zuhörer in ihren Bann zieht. Sie geht auf ihn ein und im Sinne einer guten Rhetorik[5] wird zuerst eine emotionale Gemeinschaft gesucht (*conciliare*), um ihn anschließend zu belehren (*docere*) und durch diese Belehrung zu erfreuen (*delectare*), weil es jedem gefällt, in einer interessanten und wichtigen Sache etwas Neues zu erfahren. In einer solch offenen und wissbegierigen Phase angekommen, ist der Schritt nicht mehr weit, den Zuhörer innerlich zu bewegen (*movere*), um ihn in Unruhe zu versetzen und in Bewegung zu bringen (*agitare*), so dass der Redner durch den Zuhörer handelt. – Die klassische Rede des Feldherrn vor der Schlacht wäre ein Beispiel für eine solche Form des Narrativs oder auch die bekannte Rede des britischen Premierministers Churchill vom 10. Mai 1940, um den Verteidigungswillen seines Landes zu stärken.[6] – Das schon Bekannte der Inneren Führung lediglich neu zu erzählen, wird aber nicht Aufgabe dieses Buches sein.

---

[5] Vgl. Cicero M.T.: De oratore. liber II, S. 114ff

[6] Hierbei handelt es sich um seine berühmte kurze Rede vor dem Unterhaus drei Tage nach seiner Ernennung zum Premierminister. „Blood, sweat and tears", würde die Abwehr des Krieges kosten. Die Genialität dieser Rede besteht in ihrer Kürze, der offenkundigen Ehrlichkeit und der Verwendung der richtigen Begriffe. Der deutsch Sprachwissenschaftler Wolf Schneider (1925-2022) hat immer wieder darauf hingewiesen, dass die Verwendung *alter und kurzer Begriffe* am wirkungsvollsten ist, was für alle Sprachen gilt. Vgl. Schneider, W.: Deutsch für Kenner. S. 61-64

Eine weitere Option ein neues Narrativ zu formulieren, wäre der Frage nachzugehen, welche *Möglichkeiten die Innere Führung* hat und diese Frage eben nicht aus bekannten Quellen und einschlägiger Literatur zu beantworten, sondern *Innere Führung von Grund auf neu zu denken*. In welcher Art und Weise kann sie Wirkung entfalten? Oder: Wie kann sie im Dienst, ob im Frieden oder im Krieg, gegenwärtig sein? Wenn man auf diese beiden ähnlich gelagerten Fragen eine Antwort sucht, darf diese nicht in persönlichen Eindrücken verharren, sondern soll ein Fundament erhalten, für dessen Konstruktion das Denken einer Person nicht ausreicht, so dass eine Einbindung der Denkgeschichte unseres Kulturraums geboten ist. Für diese geisteswissenschaftlichen Überlegungen trotzdem das Wort „Narrativ" zu verwenden, ist schon deswegen legitim, da die in diesem Buch zur Darstellung verwendeten Axiome ihren Grundgedanken in der Rhetorik von Blaise Pascal (1623-1662) haben.

Das *Aufzeigen von Möglichkeiten* war schon der Ansatz bei den Hauptwerken von Immanuel Kant (1724-1804) und um dieses Ziel zu erreichen, hat er drei Kritiken verfasst, die sich mit dem Verstand, der Moral und mit der Urteilskraft des Menschen befassen.

Wer sich also mit dem beschäftigen will, was Innere Führung kann, und dies begründen will, muss eine *Kritik* schreiben, die Aufschluss über Möglichkeiten und Grenzen gibt und dies systematisch darstellt. Immer wieder wird und wurde versucht zu definieren, was denn Innere Führung sei und dies nicht zuletzt aus der praktischen Notwendigkeit, dazu eine Vorschrift, ein Handbuch oder eine Lernhilfe erstellen zu müssen.[7] In der Regel bleiben diese Versuche Stückwerk und müssen es auch bleiben, weil sich der Kern der Inneren Führung der Begrifflichkeit und vor allem der scheinbar wichtigen Frage: „Was ist Innere Führung?" entziehen muss. Damit soll nicht behauptet werden, dass bisherige inhaltliche Festlegungen der Inneren Führung falsch oder seit Jahrzehnten Gesagtes und Gedachtes abwegig wäre. Nur die Inhalte begründen sich nicht aus sich selbst heraus und sind lediglich eine additive Aneinanderreihung, die auch gerne „DNA der Bundeswehr" genannt wird. Diese „inhaltlichen Erbinformationen" sind jedoch nur die Bestand-

---

[7] Vgl. Janke, R.: Innere Führung verstehen. In: IF-Zeitschrift für Innere Führung 1/23, S. 43

teile der Inneren Führung, die für sich nichts bewirken und aus sich heraus keine Begründung ihrer Notwendigkeit liefern. Nur weil etwas vorhanden ist und sich plausibel anhört, ist das kein Argument oder eine konzeptionelle Sinnhaftigkeit.

Zudem muss alle Theorie im Truppenalltag *wiedererkannt* und *gelebt werden können* und vor allem *gelebt werden wollen*. Hier ist, was die bisherige Innere Führung anbelangt, ein unüberhörbares Murren zu vernehmen. Autoren, die diese Reaktion in ihren Büchern aufgenommen haben, werden zu Wort kommen. – Es ist wie in der Biologie, die DNA-Sequenz legt zwar die Bausteine des Lebens offen, aber sie enthält kein Leben und kein Wissen woher die Wirkung der Aminosäuren kommt. Auch in der Inneren Führung ist es so, erst Begründung und vor allem Lebendigkeit schaffen Wirkung. Die DNA für sich bleibt unnütz.

Ein Neudenken der Inneren Führung muss sich deswegen erst einmal von den bekannten Quellen lösen und eine echte Begründung suchen, die sich nicht allein aus der Lebens- und Kriegserfahrung der frühen Bundeswehr nährt, sondern auch geisteswissenschaftlich einen notwendigen Standard erfüllt. Dies fehlt der Inneren Führung der Bundeswehr bisher, was nicht ohne Folgen bleibt.

Inhalte der Inneren Führung muten bislang an wie eine Erzählung, die nur aus Fakten besteht. Tatsächlich ist die Dichte der Substantive in der Vorschriftenlage der Inneren Führung auffällig.[8] Entscheidend ist aber nicht der Vollzähligkeitsappell, sondern die innere Bereitschaft und das Sich-Hinwenden-Wollen zu einem demokratischen Land, das letztlich auch wehrhaft zu schützen ist.

Das muss erklärt werden, mit bloßen Festlegungen und Definitionen ist es nicht getan. Daraus folgt eine gewisse Verpflichtung der momentan verantwortlichen Generationen und es kann der Eindruck entstehen, dass zum Erklären der Demokratie fast genauso lange gebraucht wird, wie Jahrzehnte vorher zur staatlichen Umsetzung. – In der deutschen Geschichte brauchte es in den Jahren 1848, 1919 und 1949 (West) / 1990 (Ost) drei Anläufe, um zu der Demokratie zu gelangen, die uns heute die Möglichkeit bietet, uns vom Untertan zum Bürger zu erheben.

---

[8] Vgl. A-2600/1. Innere Führung Selbstverständnis und Führungskultur. Abs. 301-316

Das Narrativ der Freiheit hat die innere Haltung[9] aller Demokraten zu ihrem Land im Blick. In vielen Schriften und Vorschriften der Inneren Führung steht jedoch nicht die Haltung im Mittelpunkt, sondern die Ziele und Inhalte der Inneren Führung. Diese werden unter die Spiegelstriche Legitimation, Integration, Motivation und Gestaltung der inneren Ordnung additiv gefasst. Forscht man beispielsweise bei der Legitimation genauer nach, wird auf „ethische, rechtliche, politische und gesellschaftliche Begründungen für soldatisches Handeln"[10] verwiesen - worunter man sich einiges vorstellen kann. Der rechtliche Rahmen mag hier noch der einzig stabile und definierte Anteil sein.

In der vorliegenden Untersuchung wird es deswegen auch um die ethische Begründung der Wehrhaftigkeit gehen. Die Bundeswehr benötigt nicht nur einen stabilen Halt im Rechtssystem, sondern auch in der Haltung des Soldaten/der Soldatin und der Gesellschaft zur Bundeswehr.

Für eine neue Erzählung braucht es neue Gedanken, die – was am Ende des Buches zu zeigen sein wird – viele Parallelen mit den Vätern der Inneren Führung haben werden. Dies schließt ausdrücklich neue und bisher in der Bundeswehr ungewohnte Literatur ein. Es soll hier die Überzeugung vertreten werden, dass es nur so gelingen kann, die Grundsätze und Ziele der bisherigen Inneren Führung zu begründen und so von einer *Aufzählung* zu einer *strukturierten Erzählung* zu kommen.

Diese geistige und in der Tradition der Philosophie verankerte Aufgeschlossenheit ist der Weg zu einem Narrativ, das als Rahmen die Innere Führung umfasst und zusammenhält und somit eine Folie bildet, mit deren Hilfe alles weitere begründet werden kann und sodann im rechten Licht steht. So hat Innere Führung „Hand und Fuß" und aus dieser auf Freiheit beruhenden Begründung kann auch Akzeptanz und freiwilliges Engagement erfolgen.

---

[9] Der Begriff der „inneren Haltung" ist mittlerweile in der Bundeswehr zu einer schwierigen Terminologie geworden. Ministerin von der Leyen meinte im April 2017 der Bundeswehr als Ganzes ein „Haltungsproblem" unterstellen zu müssen. Für das Verständnis dieses Buches können ihre Einlassungen ohne Inhaltsverlust ausgeblendet werden.

[10] A.a.O, Abs. 401

Diese Begründung kann aus einem geisteswissenschaftlichen Kontext genommen werden, weil ein historischer und empirischer Zugang nur messen und bewerten kann was vorhanden ist. Damit ist man aber lediglich bei durch die Zeit gewachsenen und ihrem Sinn nach unerklärten Fakten und Inhalten, die aus sich selbst heraus keine Begründung liefern können. Warum und wie etwas sein soll, ist der Messbarkeit — und auch dem historischen empirischen Zugang — völlig entzogen.

Wenn der neue Zugang zur Inneren Führung nicht historisch oder empirisch sein soll, ist dies lediglich eine Negativdefinition und beschreibt eine Grenze, was dieses Buch leisten kann. Die positiven Möglichkeiten sind damit noch nicht angesprochen. — Im Grunde geht es, wie erwähnt, im klassischen Sinne um eine *Kritik*. Eine Kritik zu verfassen, wird jedoch im Umgangssprachlichen oft als Aufzeigen von Schwachpunkten gesehen. Hier soll sie anders verstanden werden, nämlich in der ursprünglichen Bedeutung als *Kunst der Unterscheidung und Trennung*. Es muss also zunächst Klarheit und Deutlichkeit in der Sprache, in der logischen Reihenfolge und im Abwägen und Beurteilen geschaffen werden. *Als Grundlegung für eine erneuerte Innere Führung wird somit der mögliche Rahmen abgesteckt, in dem zeitlos Richtiges Bestand haben kann.*

Wenn die Kritik geschafft ist, kann sich der Blick auf das richten, worauf es bei der Inneren Führung letztlich ankommt. Im einleitenden Zitat von Heraklit wurde dieses Ziel schon benannt. Es ist die *Verständigkeit* der Seele.[11] Diese ist in der Lage zu erkennen und zu ordnen.

---

[11] Bekanntlich sind von Heraklit von Ephesos nur Fragmente vorhanden, was es für die Forschung schwierig macht. Gerade Zitate und kurze Sinnsprüche scheinen aber Heraklit schon zu Lebzeiten im 6. Jahrhundert v. Chr. ausgemacht zu haben. Es ist sinnvoll, sich hier Hans-Georg Gadamer anzuschließen. (Vgl. Der Anfang des Wissens. S. 14f) Heraklits Textsammlungen waren nie eine Lehrschrift, wie beim Zeitgenossen Parmenides. Vielmehr bilden sie den Kristallisationskern seines Denkens, das immer die Einheit des Vielen, die Gemeinsamkeit des Gegensätzlichen, die Gleichwertigkeit des Verschiedenen und den Wandel des Identischen im Blick hatte und *immer schon* der Interpretation bedurfte. Die Fragmente sind der Mittelpunkt der Betrachtung, um den sich die ganze „Mindmap des Denkens" erst entwickeln musste. Die Auslegung durch den lesenden Denker war Absicht und Teil des Werks von Heraklit. Seine Denkweise ist deswegen für die Innere Führung besonders wichtig. Der scheinbare Widerspruch zwischen demokratischer Freiheit und Gewaltanwendung einer demokratischen Streitkraft wurde bereits thematisiert. Die denkende Seele kann trotzdem eine Einheit bilden. „Für die Milesier war die Seele der Hauch des Atems,

Dafür braucht sie aber *Grundlagen, die selbst keiner Begründung mehr bedürfen.* Als diese werden sich die Axiome der Inneren Führung erweisen. Wer diese kennt und zudem in der Truppenpraxis wiedererkennt, kann mit feinem Sinn und demokratischem Bewusstsein erleben, was keine Studie oder historische Sicherung je bewirken kann, nämlich die *Einsicht im Moment der Entscheidung.*

II.

Um ein durch kritische Betrachtung begründendes und strukturiertes Narrativ soll es nunmehr gehen. „Warum dienen wir?", „Warum darf dies alles der Gesellschaft auch wert und teuer sein?", „Aus welcher Haltung begründen sich persönliche Entbehrungen?" und schließlich „Warum ist es legitim, Gewalt anzuwenden und sich selbst der Gewalt anderer auszusetzen?" Nur wer hier „sattelfest" - und im Extremfall gar „schussfest" - ist, hat verstanden, worum es einer Armee im demokratischen Kontext geht. Dieses Verständnis muss aber so selbstverständlich aus dem Bewusstsein von Freiheit und Verantwortung kommen, dass es selbst keiner Begründung mehr bedarf. Es müssen also so „dicke Bretter" gebohrt werden, dass man wirklich den Dingen auf den Grund geht und man auf keine wohlfeilen Formulierungen von ethischen, rechtlichen, politischen und gesellschaftlichen Grundlagen zurückgreifen muss, die in ihrer additiven Aneinanderreihung weder erfasst, noch verstanden werden können.

Der vom Mathematiker und Rhetoriker Blaise Pascal (1623-1662) definierte Begriff der *Axiome* wird hier die entscheidende Rolle spielen, weil Axiome als *nicht begründungsnotwendige Einsichten* Inhalte nicht nur festlegen, sondern wirklich be*gründen*. Im Sammelsurium der Inneren Führung kann sich so eine Einheit unter den einzelnen Versatzstücken entwickeln. Und erst *aus dieser Verbindung kann Verbindlichkeit entstehen.* So kann es gelingen, von einem *Konvolut*[12], das Inhalte lediglich beschreibt, zu einer tatsächlich begründeten *Konzeption* zu kommen.

---

für Heraklit dagegen ist die Seele das große Geheimnis unerforschter Grenzenlosigkeit, in der sich die denkende Seele bewegt." A.a.O. S. 13

[12] Die Gegenüberstellung des Begriffspaares „Konvolut vs Konzeption" wird sich im Fortgang der Überlegungen immer wieder anbieten. Der Begriff des „Konvoluts" ist heute hauptsächlich bei Auktionen in Gebrauch, wo für einen gewissen Betrag beispielsweise ein Konvolut gebrauchter Uhren gekauft werden kann, von deren

Beim *Konvolut*, das einem in der Inneren Führung begegnet, handelt es sich um eine Themenvielfalt, die administrativ dem „Bereich InFü" zugeordnet wurde und wird. Ob dies so sein muss, hat mangels Maßstabs niemand festgestellt und auch nicht feststellen können, weil es bislang keine geisteswissenschaftlich fundierte *Konzeption der Inneren Führung* gibt.

Die bisherige Innere Führung der Bundeswehr ist von Anfang an bis heute eine Ansammlung meist plausibel erscheinender Regelungen und Einsichten, die *historisch* so geworden sind. Dies wird bislang fälschlicherweise als Konzeption der Inneren Führung bezeichnet. Dass Plausibilitäten einem starken zeitlichen Wandel unterworfen sind, verwundert nicht.

Aus dieser seit Beginn der Bundeswehr vorhandenen Schwäche resultiert das ständige Bemühen, Innere Führung an wechselnde Plausibilitäten anpassen zu wollen. Ohne sich vorher über eine zeitlose Konzeption der Wehrhaftigkeit in der Demokratie Klarheit zu verschaffen, kann dies nicht gelingen, weil belastbare Argumente fehlen.

Erschwerend kommt hinzu, dass diese belastbaren Argumente – als die sich die Axiome der Inneren Führung erweisen werden – in einem Bereich des Gesellschaftslebens fehlen, der die Bürgerinnen und Bürger besonders fordern kann. Es geht um nichts weniger als die Verteidigung des Landes, wo es auf die staatliche Souveränität und das Recht und die Freiheit des deutschen Volkes ankommt, wofür im Ernstfall Leben und Gesundheit aufs Spiel gesetzt werden müssen.

III.

Der Weg zur Konzeption soll zunächst ausloten, warum es dieses verbindende Narrativ wirklich braucht. Ein Anfang wurde zwar in der Einleitung bereits gemacht, soll jedoch in den vorbereitenden Überlegungen noch weitergehend erläutert werden. Hier spielen vor allem Gedanken von Ernst-Wolfgang Böckenförde eine wichtige Rolle, die sich auch mit dem Axiombegriff von Pascal verbinden lassen.

In der Systematik soll es um die geisteswissenschaftliche Grundlegung der Inneren Führung gehen, die anhand von naheliegenden Leitfragen

---

Funktionstüchtigkeit sich vorher aber niemand überzeugt hat. Die Einzelteile des Konvoluts machen einen guten Eindruck, ob sie wirklich wertvoll sind, lässt sich augenscheinlich nicht feststellen.

bestimmt wird. Friedrich Schiller, Georg Wilhelm Friedrich Hegel und Emanuel Levinas werden hier wichtige Impulse geben.[13]

Durch das Erarbeitete in den Vorüberlegungen und der Systematik ist das Material bereitet, aus dem sich die fünf *Axiome* bestimmen lassen. Damit deutlich wird, dass diese in der Tradition der Inneren Führung stehen, wird aufgezeigt, dass sich Wolf von Baudissin, Ulrich de Maizière und Johann Adolf Graf von Kielmansegg im Grunde dem Sinn nach schon danach ausgerichtet haben.

Die Schlussbemerkungen wollen einen kurzen Ausblick geben, was dieses Buch für die Bundeswehr leisten kann.

Damit das Buch lesbar bleibt, sollen sprachlich und argumentativ zwei Stile abwechseln. Im wissenschaftlichen Stil, wie schon hier in der Einleitung praktiziert, gilt es Literatur zu benennen, zu entfalten und einer Bewertung zuzuführen. Aber auch ein journalistischer Stil hat seine Berechtigung, weil er unkompliziert Beobachtungen und lebenspraktische Beispiele anführen kann und dadurch dem Geist eine gewisse Erholung schenkt, bevor das nächste Zitat erneut alle Aufmerksamkeit bindet.

---

[13] Die Systematik der Inneren Führung bezieht sich damit auf einen im „Jahrbuch Innere Führung 2021/22" veröffentlichten Aufsatz. Vgl. Wanninger, Th.: Mögliche Grundlegung einer erneuerten Inneren Führung. In: Jahrbuch Innere Führung 2020/21, S. 375-385

2 Vorbereitende Überlegungen

2.1 Der Weg zu den Axiomen der Inneren Führung

Da eine begründete Erzählung der Inneren Führung fehlt, ist es geboten, den aktuellen Sachstand der Inneren Führung in Augenschein zu nehmen. Es bleibt die Frage: Ist eine Ergänzung der Inneren Führung notwendig? Zugegeben, es ist über die Jahre viel Literatur zusammengekommen, zudem hat sich eine Struktur in der Bundeswehr für die Innere Führung gebildet, die Aufträge bearbeitet, Zuschnitte für Abteilungen und Bereiche aufweist und bis hin zur Planstellenausweisung aufgefächert ist. Kurz gesagt: Es läuft. Wo es klemmt, gibt es Mechanismen und Sachverstand und zur Not auch Befehlsstrukturen, um die Dinge wieder „auf Spur zu bringen" und zu verbessern.

Dass Strukturen passen und daraus entstehende Prozesse funktionieren, ist aber nicht der Punkt. Sondern, dass ein neues Narrativ für die Bundeswehr tatsächlich ein Desiderat ist und dass es offenbar auch keine Idee gibt, wie es auszusehen hätte. Es fehlt der Kompass: Warum wollen wir dies auf diese Art und Weise? Bloße Tätigkeit und das Produzieren von Ergebnissen, kann diese Frage nicht ersetzen.

Ein als Antwort darauf formuliertes Narrativ muss begründet und offensichtlich gemacht werden. Erste Gedanken wurden schon in der Einleitung skizziert und es darf an die Formulierung erinnert werden, dass die Innere Führung vom *Konvolut der Inhalte zu einem Konzept der verbundenen und nicht mehr begründungsbedürftigen Einsichten* kommen kann. Diese Einsichten sollen einen offensichtlichen Mangel der Inneren Führung beheben, indem sie aus den allseits bekannten Schlagworten (Staatsbürger in Uniform, geistiges Rüstzeug, DNA der Bundeswehr, geistiges Erbe Europas, Primat der Politik, Prinzipien und Interessen der deutschen Sicherheits- und Verteidigungspolitik, verfassungsrechtlicher Auftrag, freiheitliche und pluralistische Gesellschaftsordnung, Leben in Toleranz und Vielfalt u.v.m.) eine Einheit bilden.

In den letzten Jahren hat es keinen Versuch gegeben, ein neues Narrativ für die Innere Führung zu begründen. Es drängt sich vielmehr der Eindruck auf, sie sei insgesamt altbacken und ungeeignet für den Einsatz, so dass man sie im Grunde abschaffen könnte. Eine Armee müsse zuvorderst funktional sein und zusätzlicher geistiger Ballast gehöre abgeschafft.[14] Die Widerspruchsgeister, die schon seit der Himmeroder Denkschrift auftauchen, sind nicht verstummt. – Richtig ist, dass man in der Inneren Führung vor vielen Jahren konzeptionell stehen geblieben ist und ihr in vielen Fällen eher historisches Interesse entgegengebracht wird. Darunter leidet die gesamte Innere Führung, weil ihr Lebendigkeit und Akzeptanz fehlen. Es stellt sich sogar begründet die Frage, ob es jemals konzeptionelle Ansätze gegeben hat, wo es doch eher um plausible Abwägungen gegeben hat. Um es in einem Fußballbeispiel auszudrücken: Die Innere Führung läuft in der Regel mit einem antiquierten Spielkonzept und veralteter Spieltechnik ein. Mit Sepp Herberger sollte heute keiner mehr zur WM fahren, der kann bei der heutigen Spielweise nicht einmal mehr sehen, wie der Ball fliegt.

Offenbar wird der konzeptionelle Mangel noch durch den Verlust an Persönlichkeiten, denen die Innere Führung ein Herzensanliegen war und die heute im Ruhestand sind. Uwe Hartmann weist schon 2007 auf diesen Umstand hin. „Wo sind die Hauptleute von Unna, die für ihr Anliegen einen Streit auf sich nehmen"[15], fragt Hartmann zu Recht. In gleicher Weise argumentiert die Vorsitzende des Verteidigungsausschusses im Bundestag, Marie-Luise Strack-Zimmermann: „Wünsche mir mehr Klarheit und weniger Geschwurbel der Generalität"[16]. Auch dies kann man nur unterstützen, sollte dabei aber auch die Situation der Generale im Blick behalten, die von jetzt auf gleich und ohne Angabe von Gründen in den einstweiligen Ruhestand geschickt werden können, was auch schon einige Male – ohne jeden erkennbaren fachlichen Mangel – so durchexerziert wurde und aus Sicht der Inneren Führung ein unhaltbarer Zustand ist. Gerne und zu Recht wird gefordert, dass Innere Führung für alle Soldaten und zivile Angestellte zu gelten habe, dies sollte ohne Abstriche auch für die Führung gelten.

Das wohl augenfälligste Beispiel für das Festhalten an überholten Begriffen ist der sog. „Staatsbürger in Uniform", der fast reflexartig genannt wird, wenn es um Inhalte der Inneren Führung geht. Dass er in seiner ursprünglichen Bedeutung völlig antiquiert ist, erweist sich aus der Entstehungsgeschichte des Begriffs. – Vor der Bundeswehr hatten

---

[14] Diese Meinung vertritt vor allem Marcel Bohnert. Vgl. Bohnert, M.: Innere Führung auf dem Prüfstand. S. 35-39
[15] Hartmann, U. Innere Führung, S. 114
[16] Strack-Zimmermann, M.-A. in der Zeitung DIE WELT vom 18.1.2022

Soldaten in Deutschland nur eingeschränkte Rechte.[17] Als dies geändert wurde, sprach man zurecht vom „Staatsbürger in Uniform". Aber tatsächlich geht es seit langem nicht mehr darum, dass man dem Soldaten die Rechte des Bürgers nicht geben wolle, sondern – um im Bild des Staatsbürgers zu bleiben – dass viele Mitbürger nicht mehr willens sind, zumindest für eine gewisse Zeit Uniform zu tragen.[18] Die Tatsache, dass der Staatsbürger seit der Französischen Revolution ein allgemeines Wehrrecht[19] hat, ist den meisten nicht bekannt. Die Lebenszeit in Uniform ist zuallererst ein Recht und im Grunde nur für den Uneinsichtigen eine Pflicht.[20]

Auch die in den Anfängen der Bundeswehr geführte Weimarer Diskussion vom „Staat im Staate"[21] ist völlig überholt, geht es doch heute

---

[17] Vgl. Wehrgesetz des Deutschen Reiches in der Fassung von 1935-44, § 26, Abs. 1-3. Die Soldaten durften sich politisch nicht betätigen, was auch für die NSDAP galt. Es ruhte das Recht zum Wählen oder zur Teilnahme an Abstimmungen im Reich. Die Soldaten bedurften der Erlaubnis ihrer Vorgesetzten zum Erwerb der Mitgliedschaft in Vereinigungen innerhalb und außerhalb der Wehrmacht. Aber nicht nur politische und gesellschaftliche Freiheit war für die Angehörigen der Wehrmacht eingeschränkt. Der § 27 griff direkt ins Privatleben ein, der Vorgesetzte musste demnach gefragt werden, ob der Soldat heiraten darf.

[18] Vgl.: Graf, T.: Zwischen Anspruch und Wirklichkeit: Wie steht es um die Bündnistreue in der Bevölkerung. S. 129ff.

[19] Eine wichtige Rolle spielt hier der informelle Vorsitzende des Direktoriums, Paul de Barras (1755-1829). Über diesen militärgeschichtlich sehr interessanten Mann, der seinen politischen Einfluss hauptsächlich zwischen der Herrschaft der Jakobiner und der Machtübernahme durch Napoleon hatte, ist in deutscher Sprache so gut wie nichts bekannt. Allein von Arnold Steiniger (1953) gibt es eine lesenswerte Biographie. Dass auf ihn die umgangssprachliche Bezeichnung der Wehrpflichtarmee (besser: Wehrrechtarmee) als *Barras* zurückgeht, wissen die wenigsten.

[20] Gelegentlich wird der Staatsbürger aber auch durch das Beschaffungswesen der Bundeswehr eingeschränkt, weil dieses nicht in der Lage ist, die Uniform für den Staatsbürger einzukaufen. „Bundeswehrsoldaten in Litauen mangelt es an Jacken und Unterwäsche. Über die schlechte Ausrüstung der Bundeswehr wird seit Jahren diskutiert. Die Wehrbeauftragte Eva Högl hat mit Erschrecken festgestellt, dass es der Truppe im Nato-Einsatz im Nordosten am Nötigsten fehlt." Spiegel online 25.02.2022.

[21] Wenn es dieses Phänomen „Staat im Staate" heute überhaupt noch gibt, so nicht in der Bundeswehr. Viel verdächtiger sind hier die Kirchen mit der Ausformulierung eines eigenen Arbeitsrechts und der Möglichkeit, Straftaten intern zu klären oder eben nicht. Dies gilt auch für jede andere Art der internen Gerichtsbarkeit, wie bei den großen Sportverbänden. Die Bundeswehr hat von Anfang an bewusst auf eine

darum, dass der Staat und die veröffentliche Meinung ihr Verhältnis zur Bundeswehr klären müssen und ob die Bundeswehr bei oft zu hörenden Zukunftsthemen überhaupt noch einen Platz im Geiste unseres Landes oder gar im Herzen unseres Volkes hat. Durch den Krieg in der Ukraine ist aktuell erhebliche Bewegung festzustellen. Anfangs wurde er als humanitäre Katastrophe wahrgenommen und tritt mittlerweile als militärische Herausforderung ins Bewusstsein. Welche Überraschungen dieser Krieg jedoch noch bereithält oder ob diese eine Auswirkung auf Wehrbereitschaft und Wehrfähigkeit in Deutschland haben, bleibt abzuwarten. Bis vor kurzem war von deutschen Sicherheitsinteressen und Bündnistreue wenig zu hören[22].

Dass diese Entwicklung nicht den Anliegen der Inneren Führung entspricht, liegt auf der Hand. Zu Recht weist Wanner in ihrem Aufsatz darauf hin: „Den Vätern der Inneren Führung graute vor der Vorstellung, nochmals eine Kluft zwischen Gesellschaft, Politik und Militär zuzulassen."[23] Leider ist diese Kluft entstanden, jedoch anders als in der frühen Bundeswehr befürchtet, also nicht durch geistige und rechtliche Separierung der Streitkräfte, sondern durch die Gesellschaft, die das staatliche Gewaltmonopol in die moralische „Schmuddelecke" gestellt hat. Zumindest jedoch gelten exekutive Institutionen der äußeren Sicherheit als Einrichtungen, die einem falschen Mindset unterliegen, weil man vorgeblich durch Gewalt heutzutage keine Konflikte mehr löst.[24] Von der UNO, anderen Staatenbündnissen und dem sogenannten „Wandel durch Handel" hatte man sich viel versprochen. Die Ergebnisse und Konsequenzen einer wehrlos machenden Politik lassen sich im Moment noch nicht ermessen.

Aber das Spiel der Inneren Führung – um auf den Fußballvergleich zurückzukommen – ist aktuell, es muss nur anders gespielt werden. Wer meint auf Innere Führung verzichten zu können, sollte den Blick

---

Militärgerichtsbarkeit verzichtet. Sämtliche Wehrstraftaten werden vor zivilen Gerichten verhandelt.

[22] Konkrete Zahlen und noch weiter differenzierte Analyse hierzu liefert Timo Graf aktuell im Jahrbuch Innere Führung 2021/22, S. 129-155.

[23] Wanner, M.: Innere Führung – Philosophie der Streitkräfte. S. 155

[24] Als ein Dokument dieses Zeitgeistes, der vor Realitätsklitterung nicht zurückschreckt, mag das von Wagenknecht und Schwarzer 2023 vorgelegte sog. „Manifest für den Frieden" gelten. Vgl. https://www.change.org/p/manifest-f%C3%BCr-frieden.

auf die Umstände/Zustände in anderen Armeen richten, die es sich leisten, darauf zu verzichten.[25] Sich jedoch auf Axiome der Inneren Führung als Keimzelle eines neuen Narrativs zu konzentrieren, hat einen gewissen Charme, der nach einer geisteswissenschaftlichen Begründung noch mit Leben gefüllt werden muss. Neben einer Argumentation - weg vom Konvolut und hin zur Konzeption - muss es also auch um eine Vitalisierung gehen und dies kann nur gelingen, wenn die Axiome mit Bildern aus dem gesellschaftlichen und dienstlichen Leben zum Sprechen gebracht werden. Mit Begriffen und gesellschaftlichen Hintergründen aus der Zeit der (Ur-) Großväter wird das nicht gelingen. Der Anstoß hierzu muss im Grunde aus der Truppe kommen. Das Weiterdenken und mit Leben erfüllen eines neuen Narrativs, kann jeder für sich leisten. Dieses bewusste Wahrnehmen des Dienstbetriebs ist jedoch eine Herausforderung und für den Vorgesetzen eine echte Führungsleistung. Mögen die Väter der Inneren Führung zwar keine Konzeption vorgelegt haben, sie hatten den Mut, sich ihres Verstandes zu bedienen und hatten damit in der Zeit der Neugründung einer deutschen Streitkraft ihren verdienten Erfolg. Auch heute sind auf allen Ebenen Soldatinnen und Soldaten gefragt, die loyal mitdenken, kritisch sind und deswegen das Vertrauen genießen, selbst im Sinne der Inneren Führung mitzudenken und zu handeln.[26]

2.1.1 Aktuelle Literatur zum konzeptionellen Denken in der Inneren Führung

Mit einer Konzeption beschäftigt sich die offizielle Innere Führung der Bundeswehr zurzeit nicht. Deswegen soll der Blick auf eine Auswahl

---

[25] Als sprachlich und inhaltlich hervorragendes Beispiel darf auf die Romane des ehemaligen israelischen Nachrichtenoffiziers Yishai Sarid (*1965) verwiesen werden. Im Roman „Siegerin" begleitet der Leser eine Militärpsychologin, die all ihre Kraft einsetzen muss, um das notdürftig zu reparieren, was eine im Buch so dargestellte Armee ohne Innere Führung bei ihren eigenen Soldaten anrichtet.

[26] Ich darf an dieser Stelle an Generalmajor Berthold von Stauffenberg erinnern, in dessen Divisionsstab der spätere Generalinspekteur Schneiderhan seinen Dienst leistete. Stauffenberg im TV-Interview: „Einen Stabsoffizier, der mir nicht widerspricht, wenn ich Unsinn rede, kann ich nicht brauchen." ARD, 2009. youtube.com. Leider gilt in der Praxis innerhalb und erst recht außerhalb der Bundeswehr oftmals der Satz: ‚Wer nicht bereit ist, meinen Unsinn zu vertuschen, ist nicht loyal zu mir und muss ausgesondert werden.'

neuerer Veröffentlichungen gerichtet werden. Um es vorwegzusagen, es geht hier vorwiegend um *Konsolidierung* des alten Narrativs, das aus der Mitte des zwanzigsten Jahrhunderts stammt.[27] Bei dieser rezensierenden Vorgehensweise steht die Frage im Vordergrund, welche konzeptionellen Bausteine in neueren Veröffentlichungen gefunden werden können.

Das Buch „Zurück in die Zukunft" wurde 2021 von Nicolas Holz veröffentlicht und verrät im eigenen Untertitel schon, dass nichts Neues beabsichtigt ist. Es geht um die Wiederentdeckung des schon Vorhandenen, um daraus die Innere Führung weiterzuentwickeln. Eine Zusammenfassung bietet der Autor im Jahrbuch Innere Führung 2021/22 in dem Aufsatz „Innere Führung seit der Gründung der Bundeswehr – Was können wir aus Fehlentwicklungen lernen?" Gerade in der eigenständigen Monografie zeigt sich die Stärke Nicolas Holz'. Er vergleicht, vom „Handbuch Innere Führung" aus dem Jahre 1957 beginnend bis zum heutigen Tage, die Entwicklungen der offiziellen Veröffentlichungen und Vorschriften und stellt sie gegenüber. Fast wie ein Synoptiker stellt er Texte in Spalten gegliedert vor[28] und findet Vergessenes, das aber nach wie vor aktuell sein sollte. Offensichtlich wird dies am Begriff des „Kriegsbildes", über das Wolf von Baudissin genauso schreibt, wie über die „Demokratische Gesellschaft".[29] Bei aller vergleichenden Betrachtung findet sich bei Holz aber auch die Frage: „Gut Dienen, wie?"[30], die nicht so sehr auf die Grundlagen der Inneren Führung, sondern auf den Modus und die Haltung des Dienens abzielt und so die Suche nach dem Verbindenden aufwirft. Die Grundlagen und Schlagworte der Inneren Führung, die einfach additiv aneinandergereiht werden, sieht Holz zum Teil zu Recht kritisch. Die sinnvollerweise verkürzt angegebene „ZDv 2017" charakterisiert Holz so: „Sie reißt nicht mit. Ihre Botschaften verblassen zwischen zwar nicht falschen, aber doch wenig aussagenden Ausführungen." Und weiter heißt

---

[27] Eine Ausnahme bilden die diversen Einlassungen Bohnerts, die erst in der Systematik der Inneren Führung separat zur Sprache kommen werden. Hier sei also auf andere Akteure im gegenwärtigen Diskussionsstand verwiesen.
[28] Vgl. Holz, N.: Zurück in die Zukunft. Anlage 1/1 bis 1/3 S. 128ff
[29] Vgl. A.a.O. S. 15f.
[30] A.a.0. S.32 Vgl. auch S. 51

24

es: „Innere Führung muss (…) in sich schlüssig sein.“[31] Wieder geht es um den argumentativen Charakter, der bislang leider fehle und damit um den Modus der Inneren Führung. Diese Sichtweise gipfelt am Ende des Absatzes 2.2, der sich explizit mit dem „Ziel der Inneren Führung" befasst in dem Satz: „Die Leitfrage nach dem ‚Guten Dienen, wie?‘ bietet sich dabei für die Entwicklung einer neuen ‚Meistererzählung‘ der Inneren Führung an.“[32]

Bei dieser Möglichkeit muss aber auch klar sein, dass nicht der Eindruck entstehen darf, jedem Trend hinterherzulaufen, um nur den Eindruck zu erwecken, „fit" für die Zukunft zu sein. Diesem gefühlten Anpassungsstress soll die Innere Führung nicht ausgesetzt werden.[33] Es muss schon etwas Neues sein, das eine begründete Basis für alles Weitere bildet und deswegen, so darf losgelöst von Holz an dieser Stelle eingeflochten werden, auch *zeitlos* sein muss. Neben den tradierten Begriffen vom „Staatsbürger in Uniform" und „dem geistigen Rüstzeug" gibt es in der Inneren Führung nämlich durchaus falsche Begriffe, die auch Holz verwendet. Erwähnt sei hier das gerne in verschiedenen Verbindungen genannte Adjektiv „*zeitgemäß*". Dieser Begriff – der im Dunstkreis der Inneren Führung fast inflationär gebraucht wird – ist vor allem schwierig, weil er *unbestimmt* und zugleich *wankend* ist. Unbestimmt, weil niemand so recht weiß, was in einer bestimmten Gruppe von Menschen in einer bestimmten Region im Moment als zeitgemäß gelten mag, zumal quer über die Republik verstreut, die Gruppen alle heterogen sind. Wankend ist er, weil er sich selbst mit einem Verfallsdatum versieht. Besonders kritisch wird dies bei der sog. „zeitgemäßen Menschenführung", denn was in der einen Region sprachlich normal und wirkungsvoll ist, ist woanders schon unangepasste Sprache. Und selbst, wenn sich in ganz Deutschland ein sprachlicher und stilistischer Standard herstellen ließe, wie lange soll er gelten? Oder darf gar eine Vorschrift zur Menschenführung nach zehn Jahren nicht mehr eingehalten werden, weil *sie sich selbst* als zeitgemäß definiert und damit ihr beschränktes Haltbarkeitsdatum in die eigene Definition übernommen

---

[31] A.a.O. S. 43f.
[32] A.a.O. S. 51. Dabei schließt sich Holz ausdrücklich dem Aufsatz von Sven Lange an, der 2020 genau dies schon gefordert hat. Vgl. Lange, S.: Fit für das 21. Jahrhundert? In: Jahrbuch 2020, S. 31ff
[33] Vgl. Holz, N.: Zurück in die Zukunft, S. 52ff

hat? Es gibt demnach aus guten Gründen nur eine „zeitlose demokratische Innere Führung" und „eine militärfachliche Führung". Dem Anspruch, das Zeitgemäße überhaupt fassen zu können, ist grundlegend zu misstrauen; wer meint dies zu schaffen, übernimmt sich.[34]

Kurz zurück zu Holz. Die übersichtliche und synoptische Zusammenschau wurde schon erwähnt. Schwierig wird es bei den insgesamt fünf „Graphischen Darstellungen zur Logik der Inneren Führung", die schon vom Autor selber in Klammern als „(Empfehlung)" bezeichnet werden.[35] Wenn es denn diese Logik gäbe, dürfte sie nicht nur eingeklammert empfohlen, sondern mit roten Ausrufezeichen versehen, dem Leser angeboten werden. Weil es diese „Logik" aber bislang nicht gibt, wird auf die Ausrufezeichen klugerweise verzichtet.

Warum auf diese angebliche Logik noch einzugehen lohnt, ist schnell erklärt. Fleißig und genau, wie im ganzen Buch gearbeitet wird, wird auch in den fünf Graphiken nichts vergessen, was zum bekannten und umfangreichen Vokabular der Inneren Führung gehört. Diverse Pfeile und unterlegte Farbsymbolik kommen hinzu. Mit graphischen Möglichkeiten des PCs entstehen hier komplizierte bunte Strukturen, die nur eingeschränkt verständlich sind.

Ein weiterer aktueller Beitrag, aus dem der Wunsch zur Konsolidierung der alten Inneren Führung besonders deutlich wird, ist das von Helmut Jermer 2019 vorgelegte Buch „Innere Führung kompakt. Eine Zusammenschau als Lehr- und Lernhilfe." Der Autor hält, was er im Vorwort verspricht, geht es ihm doch nicht nur um das Verstehen und Verinnerlichen der Inneren Führung, sondern um das Beherzigen (by heart).[36] Damit betont Jermer, der immer wieder theologische Themen

---

[34] Die Frage was zeitgemäß ist, wird aktuell vom Wiener Philosophen Konrad Liessmann (2022) aufgeworfen. Er diskutiert das Problem des Zeitgemäßen und des Anachronismus als Dialektik von *Konformität* und *Unangepasstheit*. Jede Erinnerung ist ein anachronistisches Problem, weil Maßstäbe der Gegenwart an Vergangenes angelegt werden. Liessmanns Gedanken erscheinen gerade für die Traditionspflege in der Bundeswehr von großer Wichtigkeit, weil das Anlegen aktueller Beurteilungsmaßstäbe an Vergangenes bis zur Sabotage der historischen Forschung reichen kann. Interessant ist auch der Rekurs auf Nietzsche, dass die Unzeitgemäßen keine Nostalgiker wären, sondern nur Zeitgenossen, die Zeitgenossenschaft misstrauen. Vgl. Liessmann. In der Tiefe und auf der Höhe der Zeit.

[35] Vgl. A.a.O. S. 139ff

[36] Vgl. Jermer, H.: Innere Führung. S. 7

26

und Literatur anklingen lässt, etwas ganz Wesentliches, ohne dabei wissenschaftlich zu werden.[37] Nämlich die herzliche Zuneigung der Soldatin/des Soldaten zu allen Menschen, wie das in ähnlicher Intention auch in der Systematik der Inneren Führung zur Sprache kommen wird. Vor diesem christlichen Hintergrund tut sich Jermer leicht, die Grundsätze der Inneren Führung und das Menschenbild des Grundgesetzes in eine innere Verbindung zu bringen, die in den abgedruckten Gebeten auch meditative Elemente hat.[38] Damit lässt Jermer tatsächlich ein schlüssiges Narrativ anklingen und zwar ein christliches. Diese Herangehensweise ist passend und legitim, aber nicht allgemeinverbindlich, was vom toleranten Autor auch in dieser Form nicht angestrebt wird. Jermer ist zudem auch so klug und bringt in seinen Ausführungen immer wieder das *Gewissen des Menschen* ins Spiel, das eben allen Menschen gegeben ist und in der Ethik aller Weltreligionen eine Rolle spielt. Besondere Bedeutung sollte folgender Satz finden: „Als Soldaten der Bundeswehr dienen wir in *gewissenhaftem Gehorsam*. Um vor unserem Gewissen bestehen zu können, befolgen wir nur, was wir sittlich verantworten können. ‚Kadavergehorsam' ist out! ‚Gehorsam' kann in bestimmten heiklen Lagen zu persönlicher Feigheit mutieren."[39]

Neben der beachtenswerten Formulierung vom „gewissenhaften Gehorsam" gibt dieses Zitat auch den Hinweis auf die Kriegserfahrung des Zweiten Weltkrieges und ermahnt den Soldaten der Bundeswehr damit, den Soldaten der Wehrmacht im Blick zu behalten. Hier empfiehlt es sich anders vorzugehen als der Autor. Dass nämlich die Wehrmacht als solche für die Bundeswehr nicht traditionsfähig ist, ist geklärt. Vor dem Speisesaal der Führungsakademie der Bundeswehr in Hamburg (Baudissin-Kaserne) gibt es dazu eine hervorragende Grafik, die besagt, dass der Bundeswehr durch den Traditionserlass auch die in weiten Teilen unselige Tradition zur Wehrmacht erlassen ist. Jermer jedoch erlässt uns diese Tradition nicht! Damit erweist er sich, trotz des gerade erst erschienenen Buches, nicht als Vordenker. Hinzu kommt:

---

[37] Die christliche Motivation durchdingt das ganze Buch. Dies zeigt sich vor allem an im Kap. 3 „Dem Frieden verpflichtet." Vgl. S. 65-71. Neben Gebeten und Zitaten aus der Hl. Schrift beruft sich Jermer auch auf die Enzyklika „Gaudium et spes." Vgl. S. 85.

[38] Vgl. a.a.O. S. 120

[39] A.a.O. S. 66. *Kursiv* T.W.

Nur etwa 50% der Deutschen gehören aktuell einer Kirche[40] an und ob für die Generation der nach 1990 geborenen Soldatinnen und Soldaten, für welche die Demokratie die selbstverständliche Lebensform ist, die Negativ-Tradition zur Wehrmacht im Verständnis der Inneren Führung hilfreich ist, bleibt fraglich, vor allem weil sie von Jermer insistierend vorgetragen wird.

Als drittes und letztes soll das schon 2007 erschienene Buch „Innere Führung – Erfolge und Defizite der Führungsphilosophie für die Bundeswehr" in den Blick genommen werden. Uwe Hartmann beeindruckt darin durch interessante Quellen aus dem gesellschaftlichen Diskurs und lebendige Darstellung der Grundsätze der Inneren Führung. Dabei geht es um Konsolidierung, aber auch um mehr. Das Buch vermittelt einen hohen Grad an Wachheit und Energie im Sammeln und Bewerten. Es geht noch von der Bundeswehr der Grundwehrdienstleistenden aus und betont dadurch die Möglichkeit der Interdependenz von Bundeswehr und Gesellschaft. Seit dieser Dienst ausgesetzt ist, dürfte das „freundliche Desinteresse" der Gesellschaft an der Bundeswehr[41] noch größer geworden sein.

Interessant für die Gedanken in der Systematik der Inneren Führung ist Hartmanns Beschäftigung mit Clausewitz. „Das dialektische Verhältnis zwischen Frieden und Krieg, zwischen Demokratie und Militär, zwischen Freiheit und Gehorsam lässt sich nicht mit allgemeingültigen Gesetzen auflösen. Es gibt keine Synthese, die dem Politiker und Soldaten absolute Sicherheit geben könnte. Damit erhält der Einzelne und seine Bildung, insbesondere seine Charakterstärke, eine herausragende Bedeutung für erfolgreiches Handeln. Bildung meint hier ganz im Sinne von Scharnhorst und Clausewitz die Fähigkeit, Maßregeln für das Handeln in sich selbst zu finden und entschlossen umzusetzen."[42] – Dieses etwas längere Zitat, steht zu Recht im Kapitel „Innere Führung

---

[40] Bei H. Jermer hat man streckenweise den Eindruck, dass die Innere Führung ein Teil der Militärseelsorge sei, wo es doch genau anders herum ist. Der Eindruck ist deswegen nicht nebensächlich, weil nicht klar ist, wer aus reservierter oder ablehnender Haltung gegenüber der katholischen Kirche, gleich auch die Innere Führung mit ablehnt. Dies ist vom Autor sicherlich nicht beabsichtigt, kann aber beim derzeitigen Stand der katholischen Kirche in der Gesellschaft die Folge sein.

[41] Vgl. Hartmann, U.: Innere Führung. S. 134-143

[42] A.a.O. S. 75

ist eine pragmatische Konzeption", weil es schon in die Richtung einer Konzeption weist. Der verantwortliche Soldat und seine Bildung, die sich in der Systematik der Inneren Führung als eine ästhetische Bildung (Schiller) erweisen wird, klingen hier schon an und auch ohne die Dialektik (Hegel) wird man nicht auskommen. Hartmann fordert zudem eine (geistes-)wissenschaftliche Begründung ein,[43] „denn so lautet auch ein in der Bundeswehr gängiges und geflügeltes Wort: ‚Nichts ist praktischer als eine gute Theorie.‘"[44]

Dass eine zu erstellende Konzeption der Inneren Führung nicht mit ein paar Sätzen zu bewerkstelligen ist, sieht auch Hartmann so. Dabei muss klar sein, dass sich das hier Vorgetragene und das noch Kommende von der Standardlektüre des Soldaten stark unterscheidet und dies deswegen eine gewisse Zumutung ist. Wenn man jedoch so forsch ist und die bisherige Innere Führung als konzeptionslos brandmarkt, muss man etwas weiter ausholen und ausführlich begründen. Hartmann schreibt dazu: „Die Konzeption der Inneren Führung ist selber sehr komplex. Sie muss es auch sein, wenn sie die Realität von Krieg und Einsatz und die Anforderungen an Politik, Gesellschaft und Bundeswehr erfassen will. Um ihre Komplexität zu strukturieren, ihr Verständnis zu erleichtern und die Anwendbarkeit ihrer Grundsätze zu verbessern, ist eine Theorie der Inneren Führung dringend gefordert."[45]

Konzeptionelle Ansätze sind also in letzter Zeit zu erkennen. Nicolas Holz wirft in Text und Schaubildern die Frage auf, wie gutes Führen gelingen kann. Gerade die Frage nach dem „Wie?" ist äußerst wichtig, weil sie sich von der stumpfen Frage: „Was genau muss ich machen, damit es richtig ist?", die man nie korrekt beantworten kann, wohltuend abhebt. Konzeptionell denkt auch Helmut Jermer, der das Ethos des christlichen Menschenbildes betont, was im Grunde auch eine Konzeption ist, weil es ein verbindliches „Wie und Warum?" als Grundlagen der Menschenführung benennt. Dass diese Sichtweise vor allem aus Sicht der Allgemeingültigkeit Nachteile hat, wurde schon dargelegt. Hinzu kommt die Frage, ob sie für einen Einsatz tatsächlich geeignet wäre, weil sich das Ethos des Neuen Testaments, z. B. mit Bergpredigt

---

[43] Vgl. a.a.O. S. 73
[44] A.a.O.
[45] A.a.O. S. 216

und ähnlichen Stellen, schwerlich auf Kampfhandlungen übertragen lässt. Schließlich Uwe Hartmann, der ins Herz des konzeptionellen Denkens trifft, weil er es im dialogischen Bildungsverständnis (bei Clausewitz) verortet, wobei hier auch noch andere klassische Autoren, wie beispielsweise Wilhelm von Humboldt[46], hätten aufgeführt werden können.

2.1.2　Kann das Grundgesetz als Bezugspunkt der Inneren Führung gelten?

Wer eine Begründung sucht, muss eine Grundlage finden, die selbst nicht mehr begründet werden muss. Dieser Denkansatz, dem sich das ganze Buch verschrieben hat, mag als *common sense* gelten. Bleibt noch eine Frage offen: Warum macht man sich die Mühe mit einer eigenständigen Argumentation für die Begründung und demokratische Legitimierung der Inneren Führung? Wäre es nicht ausreichend, das deutsche Grundgesetz beizuziehen, wie es in der Inneren Führung getan wird?[47] Die Antwort hierauf soll ein weiterer Baustein auf dem Weg zu den Axiomen der Inneren Führung sein. Zugleich wird im Sinne einer Kritik gefragt, worauf sich Innere Führung stützen kann. Das Grundgesetz ist es nicht. – Genaueres soll mit dem Rechtsphilosophen und ehemaligen Bundesverfassungsrichter Ernst-Wolfgang Böckenförde (1930-2019) und dem Ethiker Hans Küng (1928-2021) erklärt werden.

Ein funktionierender Staat muss Voraussetzungen haben, die der Staat nicht garantieren kann und die deswegen auf das Individuum und dessen Einsichtsfähigkeit zurückverweisen. Wenn diese Einsicht nicht vorhanden ist, hilft auch das Grundgesetz nicht. Angesprochen ist hier das sog. Böckenförde-Diktum. Dieser schreibt: „So stellt sich die Frage nach den bindenden Kräften von neuem und in ihrem eigentlichen Kern: *Der freiheitliche, säkularisierte Staat lebt von Voraussetzungen, die er selbst nicht garantieren kann.* Das ist das große Wagnis, das er, um der Freiheit willen, eingegangen ist. Als freiheitlicher Staat kann er einerseits nur bestehen, wenn sich die Freiheit, die er seinen Bürgern gewährt, von

---

[46] Vgl. Humboldt W.v.: Werke in fünf Bänden. Band I: Schriften zur Anthropologie und Geschichte (3. Aufl. 1980), S. 64, 71f, 236f

[47] Vgl. Ilsemann, C.-G.: Die Bundeswehr in der Demokratie. Zeit der Inneren Führung. Hamburg 1971

innen her, aus der moralischen Substanz des einzelnen und der Homogenität der Gesellschaft, reguliert. Anderseits kann er diese inneren Regulierungskräfte nicht von sich aus, das heißt mit den Mitteln des Rechtszwanges und autoritativen Gebots zu garantieren suchen, ohne seine Freiheitlichkeit aufzugeben (…).“[48] Für den frühen Böckenförde ist die Voraussetzung, ohne die der Staat kein freiheitlicher sein kann, der Katholizismus. Für diese Konfession wirbt Böckenförde, da sie für ihn der Garant der oben geforderten moralischen Substanz ist und zugleich die Homogenität in der einen Kirche gewährleistet. Der Rechtsphilosoph hat dabei das Deutsche Reich bis 1803 im Blick, wo die christliche Selbstverständlichkeit dem Staat Sinn und Aufgabe und seinem Herrscher Gnade verleiht. Diesen Sinn, der in den christlichen Bürgern weiterlebt, kann sich der Staat nicht selbst verleihen. Dies sind die nicht garantierbaren Voraussetzungen des Staates, ohne die er nicht existieren kann.

Wichtig für den Weg zu den Axiomen der Inneren Führung ist, dass Böckenförde seinen Standpunkt weiterentwickelt hat. Die bindende Kraft des Glaubens wird bei ihm *transformiert*. Die wichtigen Stichwörter *moralische Substanz* und *Homogenität* entwickelt Böckenförde 1987 weiter zu einem *demokratischen Ethos*.[49] Darunter versteht er Verhaltensweisen des Menschen, welche die Ordnungsidee und die Prinzipien der Demokratie auf sich nehmen und praktisch realisieren[50] und dies nicht, weil sie müssen, sondern weil sie es so wollen. Bei Böckenförde entwickelt sich der gesellschaftliche Konsens des Katholizismus zum demokratischen Ethos.

Nimmt man diese Argumentation ernst, lässt sich ohne Sinnverlust das Böckenförde-Diktum für eine Verwendung in der Inneren Führung der Bundeswehr so umformulieren: *Die freiheitliche, demokratische Armee lebt von Voraussetzungen, die sie selbst nicht garantieren kann.* Sie ist vom Geist und von den Werten ihrer Soldaten abhängig, die nicht (grund-)gesetzlich verordnet werden können, sondern aus innerer Freiheit angenommen werden müssen. Gleiches gilt für die Gesellschaft, die diese Streitkräfte will und aus sich heraus mit Soldatinnen und Soldaten und zivilen Mitarbeiterinnen und Mitarbeitern versorgt. Innere Führung

---

[48] Böckenförde, E.-W.: Recht, Staat, Freiheit. S. 112f
[49] Ders. Demokratie als Verfassungsprinzip, S. 359ff.
[50] Vgl. Mangold A.K.: Das Böckenförde-Diktum, S. 5

fördert und initiiert dieses freiheitliche Annehmen und befördert damit die Bildung und Erhaltung einer demokratischen Armee.

Im Jahr 1992 schreibt Böckenförde: „Rechtsnormen müssen aus Einsicht befolgt werden *können*."[51] Unter ethischen Gesichtspunkten ist diese Formulierung bemerkenswert, weil hier das „Können" stark betont wird. D. h. die Einsicht muss nicht jeder teilen, aber sie muss so formuliert sein, dass jeder sie einsehen kann.[52] Dabei handelt es sich um keine semantische Spitzfindigkeit, sondern um eine wichtige Formulierung, die zwei schwierige Freunde zusammenführt, nämlich Allgemeingültigkeit und Freiheit. Richtig interpretiert ist dann etwas allgemeingültig, wenn es so formuliert und vor allem tatsächlich so gemeint ist, dass es jeder mit gutem Willen für sich einsehen und annehmen *kann*.

In eine ganz ähnliche Richtung argumentiert der Schweizer Theologe Hans Küng, der nach seinem Zerwürfnis mit dem Vatikan das „Projekt Weltethos"[53] entworfen hat und der – allerdings biografisch zwangsläufig – einen ähnlichen Weg gegangen ist wie Böckenförde, nämlich vom Theologischen zum Ethischen. „Der demokratische Staat muss seiner Verfassung gemäß Gewissens- und Religionsfreiheit und alles, was zu den modernen Menschenrechten gezählt wird, achten, schützen und fördern. Und trotzdem: Der Staat darf bei all dem gerade keinen Lebenssinn und Lebensstil dekretieren, er darf keine obersten Werte und letzte Normen rechtlich vorschreiben, wenn er seine weltanschauliche Neutralität nicht verletzten will. – Hierin liegt ganz offensichtlich das Dilemma jedes modernen demokratischen Staatswesens (…) begründet: Was es rechtlich nicht vorschreiben darf, darauf ist es zugleich angewiesen."[54] Dies hat Auswirkungen auf den ganzen Staat bis hin zur Inneren Führung der Bundeswehr. Das Festsetzen konkreter Werte verbietet sich. „Gut und richtig ist es, wenn …", dieser Satz kann nicht

---

[51] zitiert nach Mangold A.K.: Das Böckenförde-Diktum. S. 6 (kursiv T.W.)

[52] Bemerkt werden soll hier, dass Böckenförde ganz im Sinne der Ethik Immanuel Kants formuliert, die u. a. in der „Grundlegung zur Metaphysik der Sitten" (GMS) formuliert ist. Für den kategorischen Imperativ gibt es dort insgesamt sieben Formulierungen. Fünf davon enthalten das Wort „kann/können". *In Freiheit verpflichten* bedeutet für Kant, dass die Notwendigkeit von jedermann eingesehen werden *kann*.

[53] Vgl. Küng, H.: Weltethos. S. 46-57

[54] A.a.O. S. 49

allgemeinverbindlich weitergeschrieben werden. Letztlich ist deswegen auch eine Vorschrift zur Inneren Führung hinfällig, weil sie inhaltlich schnell an Grenzen stößt und stoßen muss. Damit wird es automatisch schwierig und inhaltlich unmöglich zu sagen, *was* Innere Führung ist. Eine Vorschrift zur Inneren Führung, die sich inhaltlich festlegen muss, ist damit von Vornherein zum Scheitern verurteilt, weil sie ein Paradoxon darstellt. Dies wird noch dadurch gesteigert, dass es trotz aller Unmöglichkeit eine Vorschrift sein müsste, weil es sonst in der Welt des Militärs keine Verbindlichkeit gäbe. Oder kann das wirklich Entscheidende zur Bildung von kameradschaftlicher Gemeinschaft, aus der letztlich die erfolgreiche Auftragserfüllung entspringt, gar nicht vorgeschrieben oder befohlen werden?

Eine *materiale Bestimmung* ist nicht möglich, wohl aber eine *modale* bzw. *formale*, die sich mit der Art und Weise, mit dem Wie-soll-es-sein, beschäftigt und dafür Handlungsfelder benennt. Das ist die Aufgabe einer „Kritik" im klassischen Sinne: *Sämtliche zu formulierende Axiome der Inneren Führung werden sich deswegen auf den Modus beziehen müssen. So werden in einer kritischen Reflexion die Möglichkeiten der Inneren Führung aufgezeigt, ohne dem Fehler der inhaltlichen Festlegung zu verfallen.*

Es kann also nur um Geist, Haltung und Verantwortung im Aufgabenfeld der Bundeswehr gehen. Man könnte auch sagen: Innere Führung ist der pfingstliche Gehalt unserer Bundeswehr, wo sich zeigt, wes Geistes Kind ihre Soldatinnen und Soldaten sind und welcher Geist in der Gesellschaft herrscht, aus der heraus sich die Bundeswehr rekrutiert und als deutsche Streitkraft definiert. Dabei stellt sich heraus, ob beim Vorgesetzen Menschen- und Freiheitsliebe an erster Stelle stehen oder Kleingeistigkeit und bornierte Ängstlichkeit, um so den Untergebenen wieder zu dem Untertan zu machen, welcher der undemokratische Vorgesetzte im Grunde mangels Mutes und Esprit selber ist. Nur wer diese Menschen- und Freiheitsliebe stärkt und fördert, kann auch die Bereitschaft im Blick haben, diesen Staat mit Leib und Leben verteidigen zu wollen. Innere Führung ist somit die Motivation des Wehrwillens.[55]

---

[55] Damit greifen diese Ausführungen schon auf das fünfte Axiom voraus. Es ist nämlich ein Unterschied, ob von *Menschen- und Freiheitsliebe* gesprochen wird oder beispielsweise von *Freiheitswillen und Achtung vor dem Menschen*. (siehe Kap. 4.5)

Der geistig freie Mensch kann auch den Wert der Gesetze erkennen und muss das auch, weil alle Werte und Gesetze, die in einem Staat Geltung haben, ihren Wert nicht erhalten, weil sie festgeschrieben oder angeordnet wurden, sondern weil ihnen der Wert in freier Entscheidung von seinen Bürgern zugesprochen wurde. So kann man eine pluralistische Gesellschaft zwar als Wert bestimmen, man kann vielleicht sogar einen Bürger, der durch Arbeitsvertrag und Eid in besonderer Weise an den Staat gebunden ist, dazu bringen, dass er *sagt*, die pluralistische Gesellschaft sei ein Wert. Dass er das Gesagte aber auch so *meint*, aus freien Stücken wertschätzt und dafür aus sich heraus bereit ist, als Soldat mit Leib und Leben dafür einzustehen und auch noch die Familie in die Auswirkung dieser Entscheidung einzubeziehen, kann nicht bewirkt werden. Aber diese Einsicht *kann* vermittelt, eingesehen, verinnerlicht und beherzigt werden!

2.2 Axiome in Rhetorik und Kommunikationslehre

Andeutungsweise war von *Axiomen* schon die Rede und sie wurden bisher als *nicht begründungsnotwendige Einsichten* bezeichnet. Dies gilt es nun etwas genauer darzulegen.

Der hier interessierende Axiombegriff entstammt der Rhetorik von Blaise Pascal (1623-1662), genauer dem Buch „Die Kunst zu überzeugen" (L'Art de persuader, 1660). Zuerst war es nur eine Vorahnung, dass dieser Begriff für eine neue Erzählung der Inneren Führung wichtig sein könnte, weil eben bislang keine Theorie vorliegt und damit auch keine Systematik. Die sich immer wieder abmühenden Definitionsversuche, was denn Innere Führung sei, sind ein beredtes Beispiel. Wer aber eine Systematik möchte, braucht etwas, das nicht aus anderem abgeleitet ist, also Axiome.

Dieser Begriff hat zudem zwei Vorteile: Es ist ein neuer Begriff in der Inneren Führung und wenn wir ein neues Narrativ wollen, ist es äußert hilfreich, nichts Vorgeprägtes verwenden zu müssen. Zudem ist der Begriff einprägsam, da man sich das Wort Axiom gut merken kann, weil es eine gewisse Strahlkraft hat.

In der Rhetorik geht es immer um das Überzeugen und Einsichtig machen. Damit aber auch zugleich um die moralische Bildung des Redners, weil traditionell ein großer Unterschied gemacht wird zwischen

Überredung und Überzeugung. Überreden kann man zu Vielem und die lautere Absicht der Rede ist keine Selbstverständlichkeit. Heute würde man dies als Instrumentalisierung der Rede bezeichnen. Anders bei der Überzeugung, wo es um das Aufzeigen und Verdeutlichen von Wahrem geht, das in guter Absicht vorgetragen wird. Selbstverständlich geht es bei Pascal um die Überzeugung und damit diese gelingen kann, braucht es Axiome, die eben von jedem der Zuhörer für wahr gehalten werden können. Dafür gibt es Regeln:

> *„Regeln für die Axiome.* – 1. Keinen notwendigen Grundsatz verwenden, wie klar und evident er sein möge, zuzulassen, ohne sich vergewissert zu haben, ob man ihn annimmt. 2. *Als Axiom nur zuzulassen, was an sich selbst vollkommen evident ist.*"[56]

Pascal schränkt in der direkten Folge des Zitats ein, dass bei vollkommen evidenten und einfachen Axiomen die direkte Frage, ob sie jeder annehmen mag, unterlassen werden kann. Im Mittelpunkt steht also die unter Punkt 2 genannte *vollkommene Evidenz.*[57] Der Hinweis zum Punkt 1 sei aber gestattet, dass mit dem Begriff „annehmen" bei Pascal genau das wichtig ist, was gerade erst bei Böckenförde, Küng und Kant in Bezug auf Allgemeingültigkeit und Freiheit des Annehmens und Einsehens *können*, gesagt wurde.

Zum Punkt 2: Das Erreichen von Evidenz, also das offensichtlich Machen für jeden, birgt Schwierigkeiten. Zum einen ist hier in der Rhetorik immer die Spannung zwischen Wahrheit, Wahrscheinlichkeit und konstruierter Wirklichkeit angesprochen und zum anderen macht es die Heterogenität der Gesellschaft nicht leichter, eine vollkommene Evidenz herzustellen. Zum Glück muss man aber nicht so weit gehen, dass die Evidenz jeden überzeugen muss, denn die Evidenz muss nur *an sich selbst* vollkommen sein. Der Zuhörer wird also nicht als Summe seines Vorwissens und seiner Prägung angesprochen, sondern als verständiger

---

[56] Pascal, B.: Die Kunst der Überzeugung. S. 93

[57] Auch von Sven Lange werden Axiome der Inneren Führung benannt. (Fit für das 21. Jahrhundert. In: Jahrbuch InFü 2020, S. 36ff). Er erklärt jedoch den rhetorischen Begriff nicht, sondern bezieht ihn historisch auf die Anfänge der Inneren Führung.

Geist, der sich auch bei der Nachvollziehbarkeit eines Gedankens von sich und seinem eigenen Leben lösen und sachlich und in der Rede emotional einem Gedanken folgen kann. Im Grunde ist dies nichts anderes als die Formulierung Hegels, der Bildung als den „sich selbst entfremdeten Geist"[58] versteht, indem man intensiv und sachlich einem Gedanken folgt, ohne sich selbst ständig als Maß und Bezugspunkt der Dinge zu betrachten. Im Denken und Lernen muss man es schaffen, sich von sich selbst zu lösen, um einen *Gedanken* auf seine Richtigkeit zu überprüfen. Ob der Autor dieses Gedankens immer danach gelebt hat, ob dieser einen Wert für das eigene Leben hat oder ob einem das Ergebnis sympathisch ist, steht auf einem anderen Blatt.

Die Spannung zwischen dem Wahren und dem Wahrscheinlichen ist jedoch noch eine Erwähnung wert.[59] Mit dem Wahren steht die Rhetorik auf Kriegsfuß, weil das Wahre in der (metaphysischen) Philosophie immer das Sichere (lat. certum) ist. Sicher ist aber nur, was ohne jegliche Erfahrung aus dem Begriff ableitbar ist. Ein beliebtes Beispiel ist hier die Tatsache, dass das Teil immer kleiner ist, als das Ganze. So sicher diese *geometrische Aussage* sein mag, so wenig Inhalt hat sie. Bei Dingen, die in Augenschein genommen werden müssen, ist jedoch keine Wahrheit möglich und so ist es die Aufgabe des Redners einem Sachverhalt die *wahrscheinlichste oder möglichst wahrheitsgemäße Darstellung* zu geben.

Wer meint, dass diese philosophische Unterscheidung unnötig wäre, der mag sich die verschiedenen Personen vor Augen führen, die einem gerade in den Dienstzimmern der Kasernen begegnen. Der klar definierte geometrische Typ („Es ist so, weil es so ist.") kennt die Wahrheiten, die für ihn relevant sind. Zahlen, Listen, Exceltabellen haben für ihn als Einziges Aussagekraft. Er kennt harte Fakten, welche die linke und rechte Grenze bilden, alles andere ist ihm suspekt. Dieser hier in Reinform dargestellte geometrische Soldat ist für die Innere Führung kaum ansprechbar. Das Leben lässt sich in den entscheidenden Momenten nicht immer in das Format einer Exceltabelle pressen.

---

[58] Hegel, G.W.F.: Phänomenologie. Kap. VI B, S. 320ff
[59] Wer das noch genauer vertiefen möchte, dem sei das Buch von Giambattista Vico „Liber metaphysicus" (1710) empfohlen. Auch vom selben Autor: De nostri temporis studiorum ratione. (1708) Lat./Dt.

Einseitigkeit ist bei der Beurteilung durch den Vorgesetzten immer problematisch.

Wer außerhalb der Mathematik heute von Axiomen spricht, beruft sich in der Regel auf den österreichischen Kommunikationswissenschaftler Paul Watzlawick (1921-2007)[60]. Auch wenn es ein Exkurs ist, der uns vom direkten Blick auf die Innere Führung ein Stück wegführt, ist dieser aus zwei Gründen sinnvoll. – Zum einen, weil alle kommunikativen Axiome Watzlawicks auch für die Führer der Bundeswehr gelten, die zwangsläufig immer über Kommunikation führen. Es gibt keine reine Sachinformation und jede Kommunikation hat noch weitere Ebenen. Zum anderen, weil die Formulierung der Axiome der Inneren Führung sich Watzlawick als Vorbild genommen hat, der seine Axiome immer zuerst benennt, erklärt und dann empirisch belegt. Einen Unterschied gibt es jedoch: Im Buch wird die Empirie durch ausgewählte Rekurse auf Literatur der bisherigen Inneren Führung ersetzt, um die weitgehende inhaltliche Kontinuität zu belegen.[61]

Erstes Axiom der Kommunikation: *Die Unmöglichkeit nicht zu kommunizieren.* Oft findet sich in der auf Watzlawick bezugnehmenden Literatur auch die Formulierung: Man kann nicht *nicht* kommunizieren. – Das Material der Kommunikation sind also keineswegs nur Worte, sondern alle sog. paralinguistischen Phänomene (Tonfall, Geschwindigkeit der Sprache, Pausen, Lachen und Seufzen) sowie die körpersprachlichen Elemente und im Endeffekt jegliche Art von Verhalten, auch das Schweigen. Auch körperliche Abwesenheit ist Kommunikation. Jede Art von Kommunikation beeinflusst andere und diese kommunizieren durch ihre Reaktion zurück, dies kann absichtlich oder unabsichtlich geschehen. Dementsprechend, so darf gefolgert werden, haben wir zwar eine logische Vor- und Nachzeitigkeit im Sich-Verhalten (A reagiert auf B), faktisch jedoch eine Gleichzeitigkeit unterschiedlicher Kommunikationsformen, die in Ursache und Wirkung kaum zu unterscheiden sind, da jeder immer zugleich reagiert und agiert. Gerade auch durch Gestik und Mimik, so darf Watzlawick ergänzt werden, findet

---

[60] Vgl. Watzlawick, P.: Menschliche Kommunikation. S. 50-71
[61] Es ließen sich zudem Verbindungen zwischen den Axiomen der Kommunikation und denen der Inneren Führung herstellen. Darauf soll aber aus Gründen der Übersichtlichkeit hier verzichtet werden. Dies zu untersuchen, wäre ein eigenes Thema.

eine metalinguale Kommunikation statt, die in Worten kaum ausgedrückt werden kann, auf die wir aber seit frühster Kindheit ansprechen.

Zweites Axiom der Kommunikation: *Jede Kommunikation enthält Inhalts- und Beziehungsaspekte der Kommunikation.* – Beim Inhaltsaspekt spielt es zunächst keine Rolle, ob er wahr oder falsch ist. Hinzu kommt der ebenso wichtige Aspekt, wie der Sender des Inhalts ihn vom Empfänger verstanden haben möchte. Dieses Axiom wird immer wieder falsch interpretiert, nämlich in die Richtung, was der Empfänger vom Sender versteht und da jeder etwas anders versteht, wird hier in eine konstruktivistische Richtung fehlgedeutet. Es geht aber um den Sender und seinen Willen und nicht um den Empfänger, der wach oder halb verschlafen, viel oder wenig mitbekommt. Die Beziehung wird vom Sender ausgedrückt. Dass ein Empfänger zurücksendet, ist diesem natürlich unbenommen. – Ein wichtiger Aspekt ist dabei die Tatsache, dass in gesunden und spontanen Kommunikationssituationen der Beziehungsaspekt in den Hintergrund tritt, weil man weiß, wie es gemeint ist. In konfliktreichen Kommunikationen muss an jedem Buchstaben und jeder Wirkung gefeilt werden. Wichtig ist darauf hinzuweisen, dass die Beziehungsebene über der Information steht, denn die Information ist nur eine Tatsache. Die Art und Weise *wie* damit umzugehen ist, nimmt hierarchisch die höhere Funktion ein. Watzlawick erklärt dies mathematisch. Die Inhalte sind wie Zahlen und die Beziehung wie ein Rechenzeichen, nur diese geben den ansonsten wertlosen Zahlen einen Sinn. Jede Kommunikation ist damit Metakommunikation, da das Gesagte immer über die Inhalte hinausgehen muss.

Drittes Axiom der Kommunikation: Die Interpunktion von Ereignisfolgen, oder: *Kommunikation ist immer Ursache und Wirkung.* – Schon im ersten Axiom wurde dargelegt, dass Kommunikation eine logische und eine tatsächliche Reihenfolge hat. Dies wird jetzt beim dritten im Grunde vorausgesetzt. Was kommt hinzu? Zunächst sind das kulturelle Üblichkeiten, die in einem Land so und nicht anders als richtig und passend empfunden werden. Die Interpunktion ist also die Reihenfolge. Das oft zu beobachtende Phänomen, dass früher mehr entschieden werden konnte und weniger erklärt und begründet werden musste, ist hierfür ein Beispiel. In der Kommunikationswissenschaft bedeutet dies, dass sich die *Interpunktion* verändert hat und dies innerhalb einer Kultur. Die Interpunktion ist aber auch typgebunden. Watzlawick unterscheidet zwischen einem Führertypus und einem Typus des Geführten. Jeden Typus der Kommunikation kann man sich angewöhnen, womit er eine Folge von Ursache und Wirkung ist, hier aber nicht im kleinschrittigen Bereich wie beim Sender und Empfänger, sondern über einen längeren Zeitraum, in dem sich ein *Habitus* ausprägen kann. Gerade für Innere Führung erscheint dieses Axiom wichtig, denn es liefert eine Antwort auf die immer wieder zu hörende Frage: „Was bringt Innere Führung im Gefecht?" Wer gewohnt ist, nach den Grundsätzen der Inneren Führung zu führen, bildet sich selbst im Habitus zu einer Führungspersönlichkeit, zu deren Wesen eine demokratische Haltung des Soldatenberufs gehört. Sein Dienst wird von dem so gebildeten Charakter geprägt und damit auch das fachliche und menschliche Verhalten zu den Untergebenen, für die der Vorgesetzte einsteht und die ihm alle zusammen bei der Erfüllung seines Auftrags helfen. Diese Gewissheit kann auch im Ernstfall tragen. Es im empfiehlt sich auch, diese eigene Haltung für sich in klare Worte zu fassen und als Maxime des Handelns zu leben, die ein Ausdruck des eigenen Gewissens ist.[62]

Viertes Axiom der Kommunikation: *Menschliche Kommunikation bedient sich analoger und digitaler Modalitäten.* – Die verwendete Begrifflichkeit greift hier auf die Vorstellung veralteter Technik zurück, in der noch Elektroröhren und Transistoren von *Digital*rechnern eine Rolle spielen, was einmal mehr darauf hinweist, dass Psychologie und Kommunikationstheorie ihren Ursprung nicht in den Geisteswissenschaften haben, sondern in den Naturwissenschaften. Wichtig ist die mögliche Mehrdeutigkeit von analogem Verhalten bei digitaler gleicher Benennung. Was sich kompliziert anhört ist im Grunde einfach. So kann sich z. B. hinter dem digitalen Begriff des „Schweigens" eine Vielfalt an analogem Verhalten verbergen. Ich kann Schweigen aus Übereinstimmung („Ja, du hast Recht."), aus Resignation („Ob ich etwas sage oder nicht, bleibt sich gleich."), aus Entsetzen („Ich bin so erstarrt, dass ich keine Worte finde."), aus Berechnung („Ich sage später etwas dazu und überlege noch.") oder aus Niedertracht („Ich sage nichts, dann zerlegt es ihn umso schöner, wenn die Dienstaufsicht kommt.") Die alte Regel, *qui tacet, consentiret,* wer schweigt stimmt zu, muss also nicht immer

---

[62] Vgl. Wendroth, H. Gute Führung – (k)ein Selbstgänger. S. 18ff

gelten. Ähnlich interessant ist es beim Begriff des „Weinens" (aus Freude, aus Trauer, aus Schmerz, aus Mitgefühl, aus Berechnung), beim „Lachen" (als Freude am Humor, als Reaktion auf Kitzeln, als Schadenfreude, als Zeichen von Unsicherheit und Anpassung, als Überlegenheit, als Hinterlist) und beim „Reden" (als Wille zur Information, als Darstellung der Person, als Zeichen der Unsicherheit, als Mittel um nichts Substanzielles sagen zu müssen, als Zeichen von Höflichkeit). Der digitale Aspekt betrifft also vorwiegend die Sache und der analoge die Beziehung.[63] Es ist aber auch so, dass analoge Handlungen eine digitale Doppeldeutigkeit haben. Watzlawick erklärt dies am Beispiel der geballten Faust. Diese kann Aggression aber auch Selbstbeherrschung bedeuten. Jede Handlung kann also doppeldeutig sein und jede digitale Benennung kann viele Handlungen zur Folge haben. Dies zu wissen, schult den Blick und das Denken und verweist im Grunde erneut auf das anfängliche Zitat von Heraklit, wo die Seele aus den Mannigfaltigen der Handlungen und Beweggründen das im Moment Passende mit Verstand auswählen muss.

Fünftes Axiom der Kommunikation: *Kommunikation ist symmetrische und komplementäre Interaktion.* – Symmetrisches Verhalten liegt demnach vor, wenn zwei nur aufeinander bezogene Elemente sich weiterentwickeln. Heute würde man dies als partnerschaftliche bzw. kameradschaftliche Interaktion auf Augenhöhe bezeichnen, wo beide gleichwertig sind und sich so gemeinsam auf ein höheres Niveau begeben. Komplementär hingegen ist die hierarchische Entwicklung, wo der eine die primäre Stellung (*superiore*) und der andere die sekundäre (*inferiore*) innehat. Dies hat jedoch keine moralische Wertigkeit, ist also nicht mit „stark" und „schwach" zu verwechseln, sondern steht mehr in einem kulturellen Kontext. Die Primärstellung eines Vorgesetzten bedingt die Sekundärstellung des Untergebenen und umgekehrt. Jeder definiert und orientiert sich also am anderen.

---

[63] Gerade für den militärischen Führer ist das Schweigen eine Falle, da sich hinter der Fassade des Gehorsams einiges verbergen kann. Dies lehrte schon der Blick auf den braven Soldaten Schweyk von Jaroslav Hašek, der u. a. durch Schweigen einen besonderen Kommunikationsstil zu seinen Vorgesetzen pflegte, was zu deren Nachteil mit Zustimmung und Gehorsam verwechselt wurde.

40

2.3 Ein neues Narrativ – eine neue Meistererzählung – eine neue Innere Führung

Zuletzt im Jahre 2020 forderte Sven Lange eine neue Meistererzählung für die Innere Führung. Sein Aufsatz ist historisch angelegt und bietet auf wenigen Seiten eine Zusammenfassung der bisherigen Inneren Führung. Zudem gibt er, ob beabsichtigt oder nur als Nebengedanke formuliert, einen sehr entscheidenden Hinweis, wie eine neue Innere Führung aussehen kann, ohne aber enge Vorgaben zu machen. Damit soll nicht behauptet werden, hier die Innere Führung zu entwickeln, die Lange haben möchte, aber er zeigt einen Ankerplatz auf, an dem eine neue Innere Führung festmachen kann.

Dieser Ankerplatz mag etwas überraschen, weil Lange ihn nicht ausführlich diskutiert und manche Hinweise in einer Fußnote versteckt, aber es ist der *protestantische Ursprung der Inneren Führung.* „Der häufig gehörte Vorwurf an die Innere Führung, sie spreche nur Kopf und Verstand, aber nicht in gleichem Maße Herz und Seele an, rührt aus diesem protestantisch anmutenden vernunfts- und pflichtbasierten Motivationsansatz.“[64] – Kaum einer ist es mehr gewohnt in Konfessionen zu denken. Denken soll nach Böckenförde auch den christlichen Bereich verlassen und ein Denken einfordern, für das Hans Küng den Begriff des Weltethos[65] geprägt hat. Das gilt aber nicht für die Zeit um 1950, als sich der bis heute gültige Kern der Inneren Führung in der Himmeroder Denkschrift entwickelt hat.

Tatsächlich lassen sich in der Inneren Führung typisch protestantische Denkmuster erkennen, die sich um den Terminus *sola scriptura*, allein das Geschriebene, gruppieren lassen, was eine Wirkung hat. Nämlich dahingehend, dass sie pflichtenbasiert ist und gelten lässt, was auch *aufgeschrieben* werden kann. Im bisherigen Verlauf hat sich aber schon herausgestellt, dass Haltung und demokratische Sichtweise die entscheidenden Säulen der Inneren Führung sein müssen, weil Regeln und konkrete Beschreibungen immer zu kurz greifen und paradoxe Vor-

---

[64] Lange S.: Fit für das 21. Jahrhundert. In: Jahrbuch Innere Führung 2020, S. 39 Lange verweist zudem auf zwei Aufsätze von Angelika Dörfler-Dierken aus den Jahren 2005 und 2007, welche die christlich-protestantischen Wurzeln der Inneren Führung in den Blick nehmen.
[65] Küng, H.: Projekt Weltethos 1990

schriften nach sich ziehen können. Diese Einsicht wird sich in der Systematik der Inneren Führung noch verstärken, in der die innige Hinwendung zu den Menschen und zu einem Land in Freiheit und Gerechtigkeit eine zentrale Rolle spielt. Diese Zuneigung spüren zu dürfen, kann nicht durch den Verstand bewirkt werden, es ist eine Gabe und ein Geschenk (*gratia*). Einsicht in das Geschenk der Inneren Führung scheint das zu sein, was die Erzählung der Inneren Führung haben muss.

Innere Führung zuerst als Geschenk zu verstehen, erscheint dann besonders wichtig, wenn versucht wird, sie durch *Worte* zu bändigen und in umfangreichen Sätzen wiederzugeben. Ein Beispiel: „Innere Führung ist unter dem Eindruck gesellschaftlicher, sicherheitspolitischer und technologischer und weiterer Veränderungen als eine dynamische, auf ständige Weiterentwicklung gerichtete Konzeption zu begreifen (…).“[66] Dass dies eben nicht die Zukunft der Inneren Führung sein kann, indem man sie an eine Unzahl von tatsächlichen und vermuteten Rahmenbedingungen anpasst, liegt auf der Hand. Im Zitat wird sichtbar, dass eine tatsächliche Systematik der Inneren Führung fehlt. Bei einer sinnentleerten Floskel ist keine Vergegenwärtigung mehr möglich, weshalb sie für die Innere Führung besonders ungeeignet ist.

Eine starke Verwurzelung der Inneren Führung in immer wiederkehrenden Begriffen bei der Anfertigung von Richtlinien und Vorschriften ist zu beobachten. Gerade auch der Blick in die Vorschrift A-2600/1 zeigt dies. Es werden nur die Inhalte der Inneren Führung genannt. Auf das Verstehen wird kein Wert gelegt. Es gilt scheinbar, diese „Sabbatgebote der Bundeswehr“ abzuarbeiten.

Das bislang tragende Argument der Inneren Führung, nämlich die Verankerung im Grundgesetz, entspricht auch der protestantischen Tradition.[67] Es dürfte aber schwer sein, Soldaten zu finden, die ihren Dienst und ihr Verhalten deswegen im Sinne der Inneren Führung gestalten, um das Grundgesetz zu erfüllen. Auf das Verstehen und das Verstandene mit der eigenen Person täglich aufs Neue zu verbinden, kommt

---

[66] Martin, Th: Innere Führung zwischen Zeitenwende und Megatrends. In: Alumni FüAk online 26. Sept. 2022

[67] Es hat den Anschein, dass die gesetzesethische Fixierung vor allem von Ulrich de Maizière betrieben wurde. Sein ganzes Buch „Führen im Frieden“ (1974) ist darauf aufgebaut.

es an. So kann Innere Führung mit Leben erfüllt und dann auch in einer modernen Streitkraft anwendet werden.

Das dicke Brett, das es in der Inneren Führung zu bohren gilt, hört nicht beim Grundgesetz – oder gar nachgeordneten Gesetzen und Richtlinien – auf, sondern geht noch eine Ebene tiefer, nämlich zum *Willen* zur demokratischen Verfasstheit. Aus diesem Willen und aus dem Glauben an dessen Richtigkeit, ist nämlich auch das Grundgesetz selbst entstanden, denn das Gesetz kann nicht wiederum aus einem Gesetz entstehen. Ein Gesetz ist, allgemein gesagt, eine verpflichtende Vorgabe. Diese Verpflichtung stammt in unserem Land aus dem Willen zur Freiheit und Gerechtigkeit. Soldatinnen und Soldaten der Bundeswehr geloben oder schwören das Recht und die Freiheit des deutschen Volkes tapfer zu verteidigen. Aus diesem Willen entspringt also auch unser Wehrwille. Gesetze, auch das Grundgesetz, sind logisch dem Willen zu Freiheit und Gerechtigkeit nachgeordnet. Natürlich erhebt sich, von der heutigen Position aus, der Wille nicht über das Gesetz, aber er geht ihm logisch und zeitlich voraus.[68] Problematisch kann es werden, wenn die Verfassung nicht mehr dem Willen des Volkes entspricht.

Auf dem Weg zu den Axiomen der Inneren Führung geht kein Weg an den Grundlagen der Demokratie vorbei, die vor jeder (Grund-)Gesetzmäßigkeit den Willen zur Demokratie erzeugen und wachhalten kann und muss. Klar ist dabei auch, dass die Axiome, die nunmehr aus der folgenden Systematik der Inneren Führung herausgearbeitet werden, keine Regeln und Gesetze sein können. Es müssen *Haltungen* sein und aus diesem *spirit of democracy* kann organisch eine demokratische Regelung und letztlich vielleicht auch eine gewisse Vorschriftenfixierung und Verbindlichkeit für die Bundeswehr erfolgen, wobei sich der Kern der Inneren Führung dieser Fixierung immer entziehen muss, weil das Leben nicht in vorausgehenden Texten simuliert werden kann. So und in dieser Reihenfolge kann es eine neue Erzählung der Inneren Führung werden, die sich von einer technisch-geometrischen Vorschrift grundlegend unterscheiden muss.

Fast schon nebenbei, aber auf keinen Fall nebensächlich, sei darauf hingewiesen, dass man in der Konzeption der Inneren Führung durch die

---

[68] Vgl. Görtemaker, M.: Geschichte der Bundesrepublik Deutschland. S. 44-82

Ausrichtung auf das demokratische Narrativ, wie von selbst „vor die Welle" kommt. Bislang werden Weiterentwicklung und Neuorientierung, so auch bei Lange, immer mit den veränderten Umständen der Bundeswehr begründet. Einsatzrealität, Verkleinerung, hybride Risiken, politischer und religiöser Extremismus, interkulturelle Kompetenzen, Digitalisierung der Führungsprozesse, Diversität und Vielfalt und die Herausforderungen an die Vereinbarkeit von Familie und Beruf müssten in die Konzeption eingearbeitet werden und sollte dies zu lange unterbleiben, würde nicht nur die Veraltung der Konzeption drohen, sondern gar deren Überflüssigkeit und die Innere Führung wäre somit obsolet.[69] – Eine gänzlich andere Meinung ist sinnvoll, denn das, was hier anhand Langes Ausführungen beschrieben wird, ist keine Konzeption, sondern ein neues Beispiel für ein Konvolut, in das annähernd alles hineingepackt wird, wo es klemmt. Das im Jahre 2022/23 entstehende Handbuch ist Vorinformationen zu Folge ein gutes Beispiel dafür. Innere Führung muss aufpassen, nicht zur „Bad Bank" der Bundeswehr zu werden, wo mannigfaltige Probleme abgeladen werden, welche weder von den Streitkräften noch von der Gesellschaft gelöst werden können.

---

[69] Vgl.: Lange. a.a.O. S. 44

3 Systematik der Inneren Führung

Das Interesse von Politik und weiten Teilen der Öffentlichkeit unseres Landes an der Inneren Führung ist ein Zeichen der Wertschätzung für die Bundeswehr. Viele wollen eine Armee, die präsent ist, funktioniert und mit der man sich identifizieren kann. Dazu stellt die Zivilgesellschaft Bedingungen, die aus einem demokratischen Selbstverständnis zu Recht an die Bundeswehr gestellt werden. Diese Bedingungen betreffen vorwiegend das innere Gefüge, also den *Modus,* und bilden *drei Leitfragen der Inneren Führung:*

1. Wie wollen wir in den Streitkräften zusammenarbeiten?

2. Welche Werte prägen und leiten den Soldaten?

3. Wie integrieren sich im Idealfall Bundeswehr und Gesellschaft gegenseitig?

Dass die Vorschrift „Innere Führung – Selbstverständnis und Führungskultur der Bundeswehr A – 2600/1", die in der letzten Fassung aus dem Jahr 2008 vorliegt, hier einen wichtigen Beitrag geleistet hat, ist unbestritten. Die Grundlagen der Vorschrift sind im Leben der Bundeswehr festgeschrieben, so dass sie als Selbstverständlichkeit oft nicht mehr sichtbar werden. Wie für einen vitalen Menschen die Gesundheit, für einen autonomen Bürger die Freiheit, so ist das demokratische Miteinander in der Bundeswehr ein Maßstab, den man erst zu vermissen beginnt, wenn Fehler auftreten. Gerade aber diese schmerzlichen Fehler weisen auf die Innere Führung zurück, womit sie Ideal, Korrektiv und Auftrag zugleich ist.

Eine wichtige Vorschrift, die in der aktuellen Fassung nunmehr fast 15 Jahre alt ist, muss im Fokus der Betrachtung stehen, zumal sich Welt, Land und Streitkräfte in dieser Zeit verändert haben. Wie konkret hier Veränderungen notwendig sind, wird ein Prozess zeigen müssen, der offenlegen kann, „wo der Schuh drückt" und wo das noch immer Passende zum Erhalt zu definieren ist. Hier lassen sich bei Marcel Bohnert (2017) Hinweise finden, die eine Spannung artikulieren, die im Grunde schon seit vielen Jahrzehnten beantwortet ist, nämlich von Friedrich Schiller (1795). Ein weiterer wichtiger Gedanke zur Inneren Führung soll von G.W.F. Hegel (1801) aufgegriffen werden, um zum Schluss den französischen Denker Emmanuel Levinas (1978) zu Wort kommen zu lassen.

3.1   Polarisierung als Beginn des Denkprozesses

Marcel Bohnert zeigt in seinem Buch zur Inneren Führung (2017) Gegensätze auf und hat mit dem darin liegenden Konfliktpotenzial durchaus Recht. Dies wird schon im Geleitwort von Gerhard Brugmann sichtbar. „Der Soldat muss für seinen Einsatz Eigenschaften pflegen, die ihn in Widerspruch bringen zu seiner demokratischen Staatsordnung, die auf Menschenrechte ausgerichtet ist.“[70] Diese Gegenüberstellung des Gegensätzlichen ist kennzeichnend für das ganze Buch. Leider bleibt Bohnert bei dieser unaufgelösten Polarität stehen, aus der er keine weiteren Schlüsse zieht, so dass die Innere Führung gemäß Buchtitel bei ihm zwar auf dem Prüfstand steht, er jedoch die „TÜV-Plakette“ zum Teil verweigert.

Das muss aber, was eine Neuerung in der Diskussion sein wird, nicht zwingend eintreffen. Es gibt eine Verbindungsmöglichkeit, die bei allen drei genannten philosophischen Autoren zu erkennen sein wird und die deswegen die Zumutung einer intensiven Lektüre lohnt. So kann sich der Wert der Inneren Führung in allen Lagen des Soldatenlebens erweisen, weil es nämlich die Möglichkeit gibt, diese Polarität aufzulösen. Die Innere Führung hat das Potenzial, die Fragen der „Generation Einsatz“, als deren Sprecher sich Bohnert sieht, zu beantworten, wenn sie in einen Zusammenhang gestellt werden, der nunmehr entwickelt werden muss.

Die schon angesprochene Polarität wird bei Bohnert mehrmals an der Gegensätzlichkeit von *Sparta* und *Athen* verdeutlicht.[71] Die *kriegerische und effiziente Haltung* der einen stehe im Gegensatz zum *zivilen und in einem längeren dialogischen Entscheidungsprozess* befindlichen Staatsverständnis der anderen, die Demokratie, Freiheit, Frieden und Gerechtigkeit

---

[70] Bohnert, M.: Innere Führung auf dem Prüfstand. S.20. Dass es sich dabei um keinen Widerspruch, sondern um einen Wirkungszusammenhang handelt, ist dem Autor offenbar nicht bewusst. Wie zu zeigen ist, kann sich Brugmann dabei auf Ulrich de Maizière und sein „Paradoxon“ des Soldatenberufs stützen, was auch die Wirklichkeit nur bipolar und damit eingeschränkt wahrnimmt.
[71] Vgl. A.a.O. S. 28 u S. 149ff

im Blick haben; schon 2014 hat Bohnert auf die Polarisierung zwischen militärischer *Professionalität* auf der einen Seite und *Politisierung* auf der anderen hingewiesen.[72]

Leider bleibt er dieser Unversöhnlichkeit verhaftet und gibt schließlich zu erkennen, dass er der Professionalität vor der Politisierung, die schon in der Begriffswahl eine abwertende Tendenz hat, den Vorzug gibt, denn die „Praxiserfahrung (sollte) als Korrektiv der Theorie betrachtet werden (…)."[73] Dies hätte jedoch fatale Folgen, für die sich viele Beispiele finden ließen und würde den Vorgaben aus Grundgesetz und Innerer Führung in vielen Fällen widersprechen, denn zum Ende gedacht würde die Oberhoheit der Praxis bedeuten: Die Praxis, wenn sie funktioniert, bestimmt was wir tun. Was dabei herauskommen kann, wenn aus der Praxis für die Praxis eine „Theorie" erstellt wird, erwähnt Bohnert selber, indem er auf „unzählige informelle Kodizes"[74] und besonders auf die „Zehn Gebote der Fallschirmjäger" verweist. Nach Bohnert haben Innere Führung *und* informelle Kodizes ihre Berechtigung, die erste für die Armee der Verwaltungsbeamten und die zweite für die Armee des Einsatzsoldaten. Diese These ist so nicht haltbar und auch nicht im Sinne einer inklusiven, umfassenden Führungskultur. Die noch zu definierenden Axiome werden zeigen, dass sie für alle Angehörigen der Bundeswehr gelten. Sie verbinden, wo andere die Trennung herbeireden.

Wohin man kommt – ein historischer Exkurs sei gestattet – wenn die militärische Praxis und Effizienz dem Denken vorausgeht, konnte man im letzten Jahrhundert im Vorfeld des ersten Weltkriegs erkennen. Effektive und in der Praxis wirkungsvolle Waffen wurden seit dem letzten Waffengang 1870/71 in ganz Europa entwickelt. Die in einigen Ländern, so auch in Deutschland, vermutete Überlegenheit in der Praxis hat den Flug der Gedanken, die Theorie, nachhaltig befeuert. Ein Krieg

---

[72] Vgl. auch Dexl, R. u. Kraus, J.: Nicht einmal bedingt abwehrbereit. 2019

[73] Bohnert, M.: A.a.O, S. 32 Dies ist auch insofern interessant, weil Bohnert damit in seinem eigenen Vergleichsportfolio „Sparta vs Athen" ausgerechnet derjenigen Verfasstheit des Staates den Vorrang gibt, die ganz wesentlich *an sich selbst* zugrunde gegangen ist. Sparta hat im 4. Jahrhundert v. Chr. nicht zuletzt deswegen rapide an Einfluss und Schlagkraft verloren, weil die Exklusivität der Kriegerkaste (Hopliten) so rigoros gehandhabt wurde, dass diese sich nach und nach selbst abschaffte.

[74] A.a.O. S. 144 Bei Sönke Neitzel sind dies letztlich die vielzitierten „Tribal Cultures" Vgl. Ders.: Deutsche Krieger, S. 287-298.

zum Selbstzweck rückte näher und im Laufe der Zuspitzung wurden angebliche Gründe nachgesteuert, um mit möglichst weißer Weste dazustehen. Wer die Praxis vor die Theorie stellt, ist schneller auf dem Holzweg, als er es selbst merkt und wird die Geister, die er rief, schlecht wieder los. In der „einseitigen Fokussierung auf militärisch handwerkliche Leistungsfähigkeiten"[75] steckt zudem die große Gefahr der politischen und weltanschaulichen Instrumentalisierung. Uwe Hartmann weist zurecht darauf hin, dass ohne politische Klugheit ein mündiger Soldat in einer demokratischen Streitkraft nicht vorstellbar ist. Er weist aber auch darauf hin, dass es ein verführerischer Gedanke ist, in einer postheroischen Gesellschaft eine Art heroische Elite zu bilden, die für sich archaische Regeln bestimmt und pflegt.[76]

Dass der Konflikt der Praxis- und Effizienzpriorisierung nicht neu ist, wird von Bohnert jedoch auch gesehen und ist schon in der Himmeroder Denkschrift (1950) grundgelegt, wo das innere Gefüge eines zukünftigen deutschen Kontingents zur Verteidigung Europas ohne jeden Zusammenhang mit den militärischen Forderungen der Denkschrift steht. Dieser Himmeroder Konflikt, der im Grunde auch eine unaufgelöste Polarisierung ist, wurde heftig ausgefochten und verharmlosend als „Gründungskompromiss" der Bundeswehr umschrieben. Dass darin die ultimative Drohung Wolf von Baudissins lag, das damals noch geheime Abschlussdokument nicht zu unterschreiben, macht die Heftigkeit der Auseinandersetzung deutlich.[77] Die Intensität der Konfrontation zwischen den Söhnen – und nunmehr auch Töchtern – Spartas und denen Athens in der aktuellen Bundeswehr mag in der Geschichte unserer Armee zwar leiser geworden sein, der Grundkonflikt wurde aber nie aufgelöst. Die Politik fordert Haltung und, wie im Koalitionspapier der Bundesregierung ab 2021, eine starke Priorisierung der Inneren Führung. Der Soldat dagegen will erst einmal effektiv und professionell arbeiten können. Klar ist: *Beides* hat seine demokratische und militärische Bedeutung und muss in der einen Bundeswehr von allen gewollt und gelebt werden.

Aufgabe der Inneren Führung muss sein, im Spannungsfeld der Anforderungen eine Brücke zu schlagen zwischen beiden berechtigten

---

[75] Hartmann, U.: Der gute Soldat. S. 89
[76] Vgl. a.a.O. S. 88-94
[77] Vgl. Bald, D.: Die gespaltene Ausrichtung der Bundeswehr, S. 177-179

Standpunkten und die „zwei Seiten derselben Medaille"[78] zu vereinen. Diese Einheit liegt nicht im Nacheinander, indem man zuerst die eine Seite betrachtet und dann die nächste und sie somit nur aneinanderreiht, sondern in der *inneren Gemeinsamkeit*. Um es etwas holzschnittartig zu sagen: Nicht zuerst die militärische Ausbildung in der Woche und am Freitag kurz vor Dienstschluss noch die Grundsätze der Inneren Führung, aber eben auch nicht die politische Debatte, um nach langer Diskussion nur eine Haltung anzumahnen, ohne die Soldatin/den Soldaten zum Einsatz zu befähigen. Die berechtigten Anliegen aller sollen von allen gesehen, verstanden, kommuniziert und umgesetzt werden. Wer sich hier besonders angesprochen fühlen darf, soll der nächste Abschnitt zeigen.

3.2 Vereinigung von Gegensätzen in der Person des Vorgesetzten

Losgelöst von militärischen Abwägungen ist die *Unversöhnlichkeit des Gegensätzlichen* ein Kernthema Friedrich Schillers und seine Gedanken sollen im Folgenden auch für die Innere Führung eine Lösung bringen. Schiller hat, was ein bisschen im Schatten seines Werks steht, nicht nur Dramen und Gedichte verfasst, sondern im Nachgang der Französischen Revolution auch als Theoretiker Spuren hinterlassen. Er nimmt den pädagogischen und politischen Künstler in den Blick[79], der physische Notwendigkeit – die wir bisher als Effizienz bezeichnet haben – und moralische Notwendigkeit gegenüberstellt, worin sich unschwer demokratische Werte wiederfinden lassen. Zwar nimmt Schiller eine Wertung vor, indem sich die moralischen über die physischen „erheben", was nicht schwer zu verstehen ist, da jeder Handlung eine Wertung vorhergeht. Dies hat im Privaten, Beruflichen und Militärischen die gleiche Reihenfolge. Ich habe ein Ziel, das will ich erreichen, dazu wähle ich die konkreten Mittel.

Den Auftrag und das Ziel erhalten eine Armee in der Regel von der Politik. Ob nun der Internationalismus vorangetrieben werden sollte oder der „Lebensraum im Osten" das Ziel darstellte, das Ziel wurde und wird den Streitkräften dieser Welt – so man vom Militärputsch

---

[78] Bohnert, M.: A.a.O. S. 149
[79] Vgl. Schiller, F.: Briefe zur ästhetischen Erziehung. Brief 2-4, S. 5-15

einmal absieht – vorgegeben und sie haben damit die Aufgabe, über die Mittel zu beraten oder diese selbst zu wählen und in die Realität (Physis) umzusetzen. Totalitäre Regime tun sich leicht, deren Ziel ist Eroberung in verschiedenen Ausprägungen und das Mittel ist Gewalt. Schwierig wird es in der Demokratie, wo es um Moral im Sinne Schillers geht und Freiheit und Rechtsstaatlichkeit im Vordergrund stehen und mit militärischen Mitteln unter Einbeziehung von Gewalt umgesetzt werden müssten.

Dies stellt an den Soldaten in dreierlei Hinsicht eine Herausforderung, weil er zum einen die Gewalt anwendet und zum anderen selbst in seinen Freiheitsrechten eingeschränkt wird und zudem noch seine Untergebenen durch Auftrag und Befehl einschränkt, was deren Freiheit beschneidet oder gar für eine gewisse Zeit verneint. – Diese Schwierigkeit war den Soldaten der Bundeswehr schon immer bewusst. Da der Soldat aber in der Regel nicht zu ausschweifenden Diskussionen neigt, wurde diese Notwendigkeit des Staatsdieners in früheren Zeiten (zu) oft schlicht hingenommen. Dies ist mittlerweile anders, die Politik schaut genauer hin und der Soldat, der in Schule, Familie und Gesellschaft zur Individualität seiner Person erzogen wurde, fragt schärfer nach. Damit steht automatisch die Innere Führung „in der Bütt" und muss das Bewährte verteidigen und in einen neuen Kontext stellen.

Im Laufe seiner Schrift – und das hat er mit Bohnert gemeinsam – bildet auch Schiller Gegensatzpaare. Eines wurde schon genannt, nämlich Physis und Moral, hinzukommen *Gefühl* und *Vernunft*, *Materie* und *Geist*, was hier aber nicht vertieft werden soll. Entscheidend ist nun, dass der politische Künstler zwischen all den *diametralen Gegensätzen eine Einheit* herzustellen, souverän zu denken und zu agieren hat, weil alles Genannte existiert und seine Berechtigung hat, aber eben leider einen unauslöschlichen Widerspruch bildet. Schiller bezeichnet diesen Künstler, der auf krummen Wegen gerade gehen kann, als *Weltbürger*, der sich durch seine Fähigkeit selbst geadelt hat. *Es ist also die Person, in der die Gegensätze aufeinandertreffen, und die eine Verbindung und Einheit herstellen kann, weil sie an allem Anteil hat.*

Dass in diesem Weltbürger im besten Falle jede Soldatin und jeder Soldat zu sehen ist, aber der Blick insbesondere auf Vorgesetzte gerichtet wird, verwundert nicht, denn er steht in besonderer Verantwortung. Hannes Wendroth weist zurecht in seiner Besprechung der Auftragstaktik darauf, dass Führungsprozesse beim Verantwortlichen enden: „Für das, was in Ihrem Verantwortungsbereich geschieht, stehen Sie auch gerade. Teilverantwortung ist delegierbar, die Gesamtverantwortung aber nicht.“[80] – Das Zentrum Innerer Führung tut gut daran, sich in langer Tradition vornehmlich um die Gelenkstellen der Bundeswehr zu kümmern und Kompaniefeldwebel, Kompaniechefs und Kommandeure im Blick zu haben.[81] Es mag sein, und hier stimmen die Ergebnisse von Schiller, Alltagserfahrung und militärischer Organisation überein, dass die *Person* der einzige Ort oder die einzige Instanz ist, die Widersprüche zu *einen* und in sich *aufzulösen* vermag, weil sie an der Widersprüchlichkeit zwischen Freiheit und Einschränkung, Lebensfreude und Härte, politisch Zumutbarem und militärisch Notwendigem als Staatsbürger und Soldat *Anteil hat.*

Aber warum die Person das kann, ohne den Bereich der Logik zu verlassen, ist noch gar nicht angedacht. Dass es hier unterschiedliche Begabungen gibt, so wie es geeignete und weniger geeignete Vorgesetzte gibt, mag einleuchten. Die inhaltlichen Widersprüche als sprichwörtliche Quadratur des Kreises bleiben ihm jedoch erhalten und lassen sich nicht dadurch in der Person auflösen, wenn der Kompaniechef bei der Ausbildung vormittags militärisch gestimmt ist, im Unterricht am Nachmittag staatsbürgerlich und abends individuell. Ähnlich dem Metall, aus dem die zwei Seiten der Münze gemacht sind, so ist der Vorgesetzte das Element zur Vereinigung von Gegensätzen. Die Voraussetzung und der eigentlich entscheidende Punkt bei der Vereinigung von Gegensätzen ist, dass der Vorgesetzte diese Komplexität verstehen und wirklich durchdringen muss und jeden Moment im widersprüchlichen und teils sonderlichen Leben seiner Kompanie sieht, prüft und abwägt. Dies kann ihm im Augenblick seiner Entscheidungen niemand

---

[80] Wendroth, H.: Gute Führung – (k)ein Selbstgänger. S. 53

[81] Wie verbreitet das Wissen über Innere Führung in den Dienstgradgruppen der Bundeswehr ist, hat aktuell Meike Wanner dargelegt. Ihre Ergebnisse kann man in zwei Richtungen lesen: 1. Viele Mannschaften (78%) und Unteroffiziere o.P. (65%) wissen wenig oder nichts von Innerer Führung. 2. Unteroffiziere m.P. (66%), Offiziere (84%) und Stabsoffiziere (88%) kennen Fakten der Inneren Führung oder haben sich sogar intensiv damit beschäftigt. Entscheidend ist, dass personalverantwortliche Dienstgrade sämtlich gut abschneiden. Störend sind die 12 % Stabsoffiziere, die von Innerer Führung unberührt geblieben sind. Vgl. Wanner, M.: Innere Führung – Philosophie der Streitkräfte. Abb.1, S. 158

abnehmen, es ist sein *genialer Moment*. Hier kann er sich – in der Begriff-lichkeit Schillers – als Künstler erweisen.

3.3 Komplementäre Widersprüche vereinen das Gegensätzliche

So einleuchtend die Vereinigung von Gegensätzen in der Person er-scheinen mag: Zwischen Frieden und Krieg, Freiheit und Zwang, Recht und Unrecht bestehen immer noch gravierende Unterschiede. Aber wir haben Glück. Erkenntnistheoretisch bestehen zwischen Ge-gensätzen grundlegende Gemeinsamkeiten, weil sie *komplementär* sind. Das muss erläutert und belegt werden, damit wir bei diesem weiteren Schritt der Argumentation nicht im Privatphilosophischen verbleiben.

Die Einsicht, dass Gegensätze komplementär sind, sich also gegenseitig bedingen, formen und charakterisieren, so dass der eine ohne den an-deren im Grunde keine definierbare Existenz hat, geht auf Hegels Iden-titätsbegriff in seiner sog. „Differenzschrift" (1801)[82] zurück. Es wird daran klar, dass die *eigene Person immer zugleich bedeutet, kein anderer* zu sein. Hegel geht hier gar mit mathematischen Gleichungen um: Ich = kein anderer. Dies bedeutet aber auch, dass ich mich selbst als „der Nicht-andere" ohne den anderen nicht bestimmen kann. Dies gilt übertragen auch für alle Bestandteile der Inneren Führung. *Freiheit definiert sich an der Einschränkung, weil sie das Gegenteil ist und so erst herauszumodellieren hilft, was Freiheit ist, die sich aus sich selbst nicht erklärt.* Bei Recht und Unrecht verhält es sich genauso. Dieser Gedankengang könnte unter der Über-schrift der *negativen Dialektik*, die wir auch bei Adorno und anderen fin-den, noch erweitert werden.

Hier kann auch *Professionalität* mit *Politik* versöhnt werden. Auf die Bun-deswehr als demokratische Streitkraft übertragen, bedeutet die zeitlich begrenzte Einschränkung der Freiheit und demokratischer Grund-rechte im Einsatz, die ich den Soldaten als Vorgesetzter, mir selbst so-wie dem Gegner zumuten muss, dass ich Freiheit und Recht schätze. Als Ziel für jeden bleiben sie immer im Blick, gerade weil sie für den Moment eingeschränkt sind, damit sie für die Zukunft gestärkt werden können. Die oben geforderte *Einstimmigkeit in der Person* des/der

---

82 Hegel, G.W.F.: Differenzschrift, S. 85ff

Vorgesetzten ist im *Bewusstsein und Abwägen der Gegensätze* gegeben und kann Realität werden. Die Soldaten, die ihren Vorgesetzen kennen, weil er durch Beispiel und Kommunikation ein Teil ihrer Kameradschaft ist, wissen dann auch, warum die Freiheit eingeschränkt ist. Eben nicht um sie ihnen zu nehmen, sondern sie aufgrund widriger Umstände temporär einzuschränken und für die Zukunft zu sichern. Dass dies ein echter Dienst des Soldaten an den Menschen ist, wird sich bei Levinas noch zeigen. Für den Moment kann festgehalten werden: Innere Führung kann ihr Potenzial immer dann entfalten, wenn sie in ihrer unausweichlichen Widersprüchlichkeit und ihrer komplementären Dimension verstanden wird. Dies gilt auch und gerade für den Einsatz. Leider lässt sich dieses Verstehen nicht messen, aber beim guten Vorgesetzten erleben.

Ob der Gegner weiß, warum wir ihm die Freiheit und seine Rechte vorübergehend einschränken und auch sein Leben und seine Gesundheit aufs Spiel setzen, mag dahingestellt sein, kann und sollte aber auch diesem durch die militärische und politische Führung erklärt werden. Die Gegner von heute sind hoffentlich die Partner der Zukunft. Diese jedem mitteilbare Dialektik des Abwägens lässt sich auch auf einen größeren Rahmen übertragen, der gerade uns Deutschen gezeigt hat, wie wichtig es war, uns als vormaligem Aggressor die Freiheit einzuschränken. So mag der in den USA nicht unumstrittene Eintritt in den Zweiten Weltkrieg und die damit verbundenen Belastungen für die Soldaten und die Gewaltanwendung gegenüber dem Aggressor durchaus auf Werten beruhen, die nunmehr aus der Inneren Führung bekannt und damit demokratisch gerechtfertigt sind, weil ein zukünftiger Friede und die Wiederbringung eines demokratischen Deutschlands das Ziel war. Anwendung von Gewalt muss somit nicht im Gegensatz zur demokratischen Staatsordnung stehen, wie Brugmann im eingangs angeführten Zitat meinte. Wer demokratisch abwägt, bezieht immer den Gegner ein, weil er ihm als Individuum zugeneigt ist und auch für sein Land das Gute möchte, das seiner Tradition und dem üblichen Lebensstil entspricht.

Auch religiös begründete Konflikte – was hier nur angedeutet werden kann – und die dagegen eingesetzte Gewaltanwendung lassen sich erklären, da alle drei abrahamitischen Weltreligionen die Barmherzigkeit ihres Gottes betonen, die dann auch so gelebt werden soll. Dem

Unbarmherzigen dürfen und müssen Schranken gesetzt werden, was aus dem jeweiligen religiösen Selbstverständnis heraus im Grunde jedem einleuchten kann.

Innere Führung kann, auch und gerade unter den Bedingungen der letzten Jahre, ihre Aufgabe erfüllen und sie ist nicht nur bewährt, was immer den Beigeschmack der Unwilligkeit zur Veränderung hätte, sondern hat unter den genannten Bedingungen und philosophischen Grundlagen das Potenzial eine demokratische Streitkraft zu prägen. Auch in den drei Formen der Freiheitseinschränkung und Gewaltanwendung versteht sie sich zurecht als demokratisch und freiheitlich. Darauf darf die Bundeswehr stolz sein, so sie sich nicht von flachen, angeblich pazifistischen, Ansichten beirren lässt, die in der Regel von Leuten vertreten werden, die den dialektischen und oszillierenden Prozess der Freiheitsfindung und Demokratieerhaltung nie verstanden haben.

3.4   Demokratie als Identität im Anderen verteidigen

Der Blick geht nach Frankreich, weil hier mit Emmanuel Levinas (1905-1995) eine Person zu finden ist, die persönliche *Individualität* und deren *Einschränkung für den anderen*, die im Militärischen eine besondere Akzentuierung erfährt, in einer für uns ungewohnten, aber sehr gewinnbringenden, Weise im Blick hat. Bei Levinas wird die Gemeinschaft zwischen der eigenen Person und dem Gegenüber verstanden als Verpflichtung des Individuums, allein schon, weil der andere da ist. Von dieser Verpflichtung wegzulaufen würde bedeuten, sich selbst zu verneinen und nicht Selbst werden zu können. Selbstbewusstsein ist immer gewahr werden und damit Bewusstsein des anderen. Für Levinas ist das nicht nur eine gegenseitige Abhängigkeit, sondern eine *Verkettung* als „Geisel" des Anderen.[83] Vor der Verpflichtung gegen den anderen und zugleich vor sich selbst wegzulaufen, darf nicht Ziel eines Demokraten sein und schon gar nicht desjenigen, der in Uniform in besonderer Weise der Demokratie dient. Er würde den anderen und sich selbst vernachlässigen, weil er durch die nicht angenommene Verantwortung gar nicht er selbst werden könnte.

---

[83] Vgl. Levinas, E.: Jenseits des Seins. Dt. 1998, S. 248

An anderer Stelle beschreibt Levinas ein autonomes Subjekt, das natürlich lebt und somit alles auf sich bezieht. Durch die Anwesenheit des anderen wird mir bewusst, dass meine Freiheit egoistisch ist und für den anderen fatale Folgen hat. Dies führt zu der Figur eines ethischen Anspruchs, den der andere stellt und unter dem ich schon immer stehe. Ich soll Verantwortung für den anderen übernehmen, meine Sorge um das eigene Sein soll sich in die Sorge um den anderen verwandeln. „Je mehr ich zu mir komme, desto mehr lege ich meine Freiheit (…) ab, desto mehr entdecke ich mich als verantwortlich; je gerechter ich bin, desto schuldiger bin ich.“[84] Nach Levinas, der sich ausdrücklich auf Hegel bezieht, ist der andere das andere Ich. Was diesen französischen Philosophen so besonders macht, ist seine drastische Sprache, die aber der Sache und manch harter Realität entspricht. Damit bildet sie besonders gut den im Einsatz drastischen Beruf des Soldaten ab.

Der demokratische Vorgesetzte schränkt seine eigene Freiheit ein und verlangt dies auch seinen Soldaten ab. Diese ihrerseits tun das Gleiche mit dem Gegner. Der Soldat (= Subjekt) trägt damit die Schuld anderer bzw. muss sie ausbaden: „Das Subjekt ist Geisel, insofern es von Verantwortung besessen ist, (…) Was konkret meint: (Jeder ist) angeklagt dessen, was die anderen tun oder erleiden, oder verantwortlich für das, was die anderen tun oder erleiden. Die Einzigkeit des Ich besteht genau darin: die Schuld der anderen zu *tragen*."[85]

Die Soldatinnen und Soldaten der Bundeswehr sind ein solches *(er)tragendes* Element unseres demokratischen Staates. Damit trägt der Soldat den anderen, ohne den er als Mensch gar nicht geworden wäre, was er ist und woraus sich Dankbarkeit und Verpflichtung, vornehmlich für die Menschen der Heimat, ergeben. Er erträgt aber auch in besonderer Weise den anderen, wenn es um dessen Fehler und Schuld geht, denn jeder militärischen Auseinandersetzung gehen Fehler voraus, weil die Gewalt nicht verhindert oder gar gesucht wurde. Diese Haltung prägt, gerade am sog. scharfen Ende des Soldatenberufs, ein Berufsethos, dem dann die Innere Führung entspricht.

---

[84] A.a.O. S. 249. „Schuldig“ ist hier nicht im Sinne von *Schuld haben* gemeint, sondern versteht sich ursachlich, was ich dem anderen *schuldig bin.*
[85] A.a.O. S. 248

Aus dem Tragen des anderen und Ertragen von Fehlern, was den Soldatenberuf auch in der Demokratie unverzichtbar macht, lassen sich passende Antworten auf die drei am Anfang der Systematik genannten *Leitfragen der Inneren Führung* finden. Das hat den großen Vorteil, Fragen in der Theorie, also im Idealbild, beantworten zu dürfen: Die *Zusammenarbeit* in der Bundeswehr ist immer ein Dienst, dessen dienende Haltung aus der gegenseitigen Schuldigkeit erwächst. Diesen ungewohnten und fordernden Gedanken für sich persönlich annehmen zu können, steht in der inneren Macht eines jeden, der damit auf verantwortlichem Wege auch für sich Freiheit gewinnt und das eigene Leben im anderen und für den anderen in *Wert* setzt. Eine Bundeswehr, die in diesem Sinne dient, ist damit nicht nur ein sich integrierender Teil der *Gesellschaft*, sondern ein Licht für ein freies und verantwortungsbewusstes Staatswesen, das sich seinerseits mit unserer Armee als tragender Säule des deutschen Staates identifizieren kann, weil die Demut des Tragens und Ertragens der Bundeswehr die Würde und das innere Recht verleiht, als Symbol dieses Staates von der Gesellschaft angenommen zu sein.[86]

All diese Theorie beginnt und lebt im Denken, Erfühlen und Handeln des direkten Vorgesetzten. In seiner Person ist er – und nur er – der Träger und der Garant der Inneren Führung immer in dem Moment, wo er versteht, abwägt und militärisch führt. Deswegen gibt es auch keinen Grund für eine *gesonderte Innere Führung für den Einsatz*. Es bestünde zudem die Gefahr, dass dort Besonderheiten geregelt würden, die sich bei genauer Betrachtung nur als Sonderbarkeiten herausstellen. Menschen und Gruppen, die für sich eine elitäre und seltene Rolle sehen, neigen seit jeher zum Seltsamen.[87] Dieses Schicksal würde auch einer gesonderten Inneren Führung für besondere Gruppen und Aufgaben drohen, zumal in diesem Buch der Versuch unternommen wird, die Innere Führung der Bundeswehr für alle Aufgabenbereiche zu begründen, weshalb etwas Zusätzliches schlicht unnötig und hinderlich wäre. – Weg von der Theorie muss aber auch klar sein: Im Augenblick der Entscheidung, gerade wenn sie unter Zeitdruck und Gefahr

---

[86] Hier sei schon auf das fünfte Axiom verwiesen. Die Beantwortung der Leitfragen aus der Philosophie von Emanuel Levinas ist Grundlage für das Verständnis dieses Axioms.

[87] Vgl. Kant, I.: Anthropologie, S. 7

getroffen werden muss, hilft kein Buchstabe einer Vorschrift, sondern nur die umfassend gebildete Persönlichkeit des Vorgesetzten hat in schwierigster Situation überhaupt die Chance, richtig zu handeln. Ihm gilt die besondere Aufmerksamkeit, indem er professionell militärisch ausgebildet wird, er um die inneren Zusammenhänge und die genannten komplementären Widersprüche der demokratischen Streitkräfte weiß und dieses Wissen lebt. Zudem soll er möglichst von allem Störenden entlastet sein, damit er den Kopf frei hat, weil nur der Geist die Dinge bewegt.

4 Die fünf Axiome der Inneren Führung

Bislang sind wir dem Begriff der Axiome bei Blaise Pascal, Paul Watzlawick und am Rande bei Sven Lange begegnet und dies in einem geisteswissenschaftlichen Kontext. Die naturwissenschaftlichen Bereiche in Mathematik und Physik wurden bisher vernachlässigt, was auch so bleiben wird, da dies nur zur einer nicht zweckdienlichen Ausweitung des Themas führen würde.

Einiges ist bislang auf unüblichem Wege für die Innere Führung der Bundeswehr erarbeitet worden, nicht zuletzt, weil Autoren angeführt wurden, die in diesem Bereich unbeachtet geblieben sind. Jetzt wird es Zeit, die Ernte dieser Überlegungen einzubringen, indem man aus dem Vorwissen Axiome und Prinzipien benennt und so für die Führungskultur der Bundeswehr zugänglich macht.

Bei jedem Axiom soll, ähnlich wie bei Watzlawick, in gleicher Weise verfahren werden. Der *Benennung* folgen einige *Erläuterungen*, die aus dem bisherigen Kontext stammen werden und neben der Fokussierung eine kleine Wiederholung beinhalten, die beabsichtigt ist. Der dritte Schritt soll eine *historische Anbindung* sein, die bisher im Text fehlte und auch fehlen musste, weil es unklug wäre, Neues zu erarbeiten und fast im selben Atemzug die historische Anbindung als parallelen Erzählstrang zu verfolgen.

Klar ist aber auch, dass nicht alles, was bisher dargelegt wurde, in alten Texten der Inneren Führung zu finden sein wird. Auch in der gegenwärtigen Politik unseres Landes lässt sich nicht mehr alles auf das Ahlener oder Godesberger Programm zurückführen und niemand versteht dies als mangelnde Legitimation neuer Gedanken. Die offizielle Innere Führung bleibt in Wortwahl und vielen Themen den Gründungsvätern Wolf von Baudissin, Ulrich de Maizière und – eher am Rande – Johann Adolf Graf von Kielmansegg verhaftet. Neues zeigt sich kaum, viele Forschungsaufträge bleiben historisch deskriptiv und wagen sich kaum ans Konzeptionelle. Eine Neusortierung des Altbekannten ist keine neue Konzeption.

Aber auch die Kritiker der Inneren Führung haben nichts Neues zu Wege gebracht. Eine Neuerung wurde gefordert, Altes als unnütz abgelehnt. Der unmissverständlichen Aufforderung von Holz, Lange und

Hartmann zu einer neuen Erzählung der Inneren Führung ist bislang jedoch keiner nachgekommen.

Die Anbindungstendenz an die Väter der Inneren Führung ist in der Bundeswehr sehr stark ausgeprägt. Dies mag damit zusammenhängen, dass militärhistorische Forschungen traditionell ein starkes Gewicht haben, was für andere Geisteswissenschaften nicht gilt. Neues in der Inneren Führung kam durch neue Aufgabenfelder, was auch einen starken administrativen Charakter hatte, weil gewisse Arbeiten an einer dafür passend erscheinenden Dienststelle eben erledigt werden müssen. Warum neue Aufgaben eine Anpassung der Inneren Führung bedürfen, bleibt aber unklar. Auftragserfüllung, Legitimation, (Fürsorge-)Verhalten intern und das auf Frieden ausgerichtete Menschenbild bleiben gleich. Vielmehr scheint es aktuell in der Inneren Führung um ein Aufblähen der Themenvielfalt zu gehen, wem damit in der konkreten militärischen Führungsleistung vor Ort geholfen ist, mag dahingestellt sein. Was als neue Aufgabenfelder, zum Beispiel von Sven Lange benannt wurde, berührt nicht das, was Innere Führung wirklich will. Auf die Konzeption wurde wenig geschaut, was die schon mehrmals angesprochene Tendenz zum *Konvolut Innere Führung* verstärkt hat.

Die Axiome hingegen wollen ein geisteswissenschaftlich fundiertes Konzept begründen, das im Rahmen einer Kritik hier vorgestellt wird. Axiome haben den Anspruch aus sich heraus einleuchtend zu sein und keiner weiteren Begründung zu bedürfen, weswegen sie im Grunde nur erläutert werden, um sie klar sichtbar zu machen. Nur deswegen haben sie das Recht, sich als echtes Fundament zu verstehen, auf das aufgebaut werden kann.

In der Erstellung einer tatsächlichen Konzeption sind wir schon weit fortgeschritten, bekannte Überlegungen werden nurmehr vertieft. Es hat sich während der hier vorgenommen Forschungstätigkeit herausgestellt, dass diverse Anklänge an die folgenden Axiome bereits in den Schriften der Gründungsväter der Inneren Führung zu lesen sind. Diese historische Anbindung der Axiome ist eine äußerst spannende Arbeit, schon weil man sich nicht ganz sicher sein kann, ob die neu gedachte Innere Führung und die Jahrzehnte alten Texte von Baudissin, de Maizière und Kielmansegg zusammenpassen. Um es vorwegzunehmen, sie passen weitgehend zusammen, unterscheiden sich aber im Sprachmodus und in der Ordnung der angesprochenen Dinge, wobei die heutige Innere Führung fast ausschließlich die Sprache Baudissins angenommen hat. Der geschickte Rhetoriker und temperamentvolle Denker Graf von Kielmansegg kommt meist zu kurz.[88]

Der Einblick in die Forschungsarbeit mag interessant sein, um die Vorgehensweise transparent zu machen: Ausgewählte Aufsätze wurden dahingehend erforscht, wo die Axiome I-V in den Texten zu finden sind. Das erfreuliche Ergebnis: Alle Axiome lassen sich in wichtigen Aufsätzen und Reden zur Inneren Führung bunt gemischt wiederfinden. Das ist als Erfolg zu werten, zeigt aber auch zwei Schwachstellen der bisherigen Inneren Führung auf: Zum einen wird alles von Aufsatz zu Aufsatz neu gemischt und zum anderen liegen seit Beginn im Umfang überschaubare Texte vor. Das historische Vermächtnis von Clausewitz, Scharnhorst und Gneisenau, dass nämlich Heerführer und Generale strategische und konzeptionelle Bücher schreiben, ist in der Bundeswehr nie fortgeführt worden. Gerade für den Bereich Innere Führung bedauert dies Kielmansegg in seinem ausführlichen Vorwort zu „Die Bundeswehr in der Demokratie. Zeit der Inneren Führung (1971)" ausdrücklich. Die „große berufliche Beanspruchung (…) macht es zu meinem großen Bedauern nicht möglich."[89] Es verstrichen demnach mehr als 15 Jahre von der Gründung der Bundeswehr bis zu einem ersten Buch über Innere Führung. Zuvor gab es in Gesetzen, Erlassen, Vorschriften, Protokollen, Richtlinien usw. nur Fragmente, was Innere Führung sei.

Fraglich ist, ob sich die Innere Führung von diesem Geburtsfehler je wirklich erholt hat oder ob die immer wieder auftauchende Frage nach der „Inneren Führung in der Krise?" hier ihren Ursprung hat. – Eine Ausnahme gäbe es, aber das heute noch immer lesenswerte Buch von Carl-Gero von Ilsemann sieht sich selbst nur als „Art Kompendium zum Nachschlagen". Es geht lediglich um „eine umfassende beschreibende Darstellung".[90] Von Begründung und Systematisierung ist nicht die Rede.

---

[88] Es könnte für die Innere Führung eine sehr lohnende Forschungsaufgabe sein, die Schriften Kielmanseggs, die im Freiburger Bundesarchiv 16,25 lfdM umfassen, auszuwerten.

[89] Kielmansegg, J.-A.: Einleitung. In: Ilsemann C.-G.: Die Bundeswehr in der Demokratie, röm. V

[90] A.a.O. röm. VI

60

In einem sehr dichten Aufsatz führt Sven Lange den Begriff der Axiome in die Welt der Inneren Führung ein.[91] In dem schon angesprochenen Aufsatz „Fit für das 21. Jahrhundert" wird er erwähnt, wobei der Autor im Historischen verweilt, dennoch lohnt sich der detaillierte Blick:[92] Lange weist zunächst darauf hin, dass die Innere Führung für die gesellschaftlichen Bedürfnisse der neuen Bundesrepublik maßgeschneidert wurde. Das Scheitern der Weimarer Republik und der Zivilisationsbruch des Dritten Reiches war die damals gerade erst vergangene Lebensrealität. Daraus entstand das erstmals 1957 gedruckte und vom Generalinspekteur Heusinger herausgegebene „Handbuch der Inneren Führung", welches Grundlagen, Aufgaben, Ziele und Wege der Inneren Führung erläuterte und keine Vorschrift war, sondern ein Lese- und Studienbuch. Weil bei Lange der Begriffe der „Axiome" nur in der Überschrift genannt wird, kann vermutet werden, dass im Text genannte Grundlagen wie „Dienstverpflichtung zum Freiheitserhalt", „Gehorsam aus Einsicht" vom Autor als Axiome verstanden werden, die sich jedoch allesamt auf eine Wehrpflichtarmee beziehen. Was er genau unter Axiomen versteht, erklärt Lange nicht. Aus dem Kontext geht eine synonyme Verwendung zu „Grundlagen" oder „Dreh- und Angelpunkte" der Inneren Führung hervor.

Axiome, die auf philosophischen Grundlagen und nicht auf landesspezifischen historischen Lehren aus der jüngsten Vergangenheit aufbauen, gibt es noch nicht. Sie sollen nachfolgend genannt werden und erheben auch einen gewissen Anspruch auf Gültigkeit über die Bundeswehr hinaus für jede Streitkraft eines demokratischen Landes. Vielleicht kann es so gelingen, sie in einer sich andeutenden europäisch organisierten Armee zu verwirklichen, weil diese nicht die spezifischen Grundlagen der deutschen Geschichte haben kann. – Die hier implizierte weitgehende „Entkoppelung" der Führungskultur der Streitkräfte von der Historie des Staates, wird jedoch auf absehbare Zeit nicht auf Gegenliebe stoßen, was aber nicht verbietet, sie als Ideal zu formulieren.

Dabei haben die folgenden fünf Ideale (Axiome) einen praktischen Wert. Sie sind keine abgehobenen Ideen aus der Schreibstube eines

---

[91] siehe Kap. 2.2
[92] Vgl. Lange, S.: A.a.O. S. 36-41

weltfremden Gelehrten. Heute bezeichnet man ein Ideal gerne als Leuchtturm, was eine sehr nützliche Metapher ist, weil ein Punkt ausgeleuchtet wird, der erstens ein begründetes Ziel darstellt und kein zufälliger Gedanke ist, der *à jour* gerade passend erscheint, sich jedoch im Laufe der Zeit als Irrlicht erweist und der zweitens tatsächlich erreichbar ist und im täglichen Dienstbetrieb umgesetzt werden kann. Zwar nicht immer und jeden Tag, aber immer wieder.

4.1 Erstes Axiom:

Vom Geist beseelt **– Das Wesen der demokratischen Streitkräfte lebt von Voraussetzungen, die weder der Staat noch die Streitkräfte selbst garantieren können. – Gesellschaftsprinzip**

Es gibt eine klare Reihenfolge. Die Menschen sind Träger des Staates, aus ihnen entwickeln sich die Haltungen und Werte, die den Staat und seine Verfasstheit prägen und wenn dies formuliert und institutionalisiert ist, soll dieses Gemein- und Rechtswesen geschützt werden, im Inneren und nach außen. Es kommt darauf an, von welchem „Geist beseelt"[93] die Gemeinschaft ist. Dann ist auch klar, welche (Grund)Gesetze sie sich gibt und welche Regeln in ihren Streitkräften gelten.

Gerade in unserer im Vergleich zu anderen Ländern jungen Bundesrepublik kann man dies beispielhaft veranschaulichen und an manchen Wegmarken sogar ein genaues Datum benennen. Dies mag zumindest für die Verfasstheit des Staates und dessen Schutz nach außen gelten. Erinnert sei hier an den 24. Mai 1949 (Inkrafttreten des Grundgesetzes) und den 12. November 1955 (Gründung der Bundeswehr). Damit sind wir aber schon bei den Folgen und nicht bei den Voraussetzungen. Die Menschen im Westen Deutschlands wollten diese Verfassung, sie ist eine Mischung aus Rechtstradition, Rechtserfahrung und Rechtsempfinden eines lange Zeit gewachsenen Staates in seiner föderalen Tradition. Das in der Inneren Führung immer gerne als Grundlage genannte

---

[93] Baudissin, W.v.: Innere Führung. Rede bei der Verleihung des Freiherr-vom-Stein-Preises 1965. In: Grundwert Frieden. S. 290

Grundgesetz ist (nur) ein Ergebnis und kein monolithisches Rechtsgeschenk. Es ist aus dem Geist des Landes gewachsen, der selbst keiner Rechtsordnung unterliegt, weswegen Recht immer auch potenziell gefährdet ist; der Wind kann sich drehen. Desinteresse, Links- und Rechtsextremismus, Islamismus und sektiererischer Moralismus, der sich über das Gesetz erhebt, sind wohl die aktuell größten Bedrohungen für den Geist der Verantwortung, der Rücksichtnahme und des Ausgleichs, welcher die Bürger und Staatsangehörigen unseres Landes vereinen soll.

Ganz ähnliche Gedanken lassen sich bei Kielmansegg und seiner Rede zum 20. Juli 1963 in der Bonner Beethovenhalle finden.[94] Das innere Rechtsempfinden, dargelegt an den Attentätern des 20. Juli 1944, legitimiert das Übertreten von Gesetzen und eines pervertierten Eides. Es steht vor dem Gesetz und über einem falschen Gesetz. Es hat als Gewissensentscheidung höchste Rechtspriorität. Ohne dass es die militärisch notwendige Hierarchie und Gehorsamsverpflichtung aufhebt, wird diese Rechtspriorität auch jedem Soldaten zugestanden. „Dabei finden wir im abendländischen Rechtskreis, daß das Recht des Widerstandes, gegen den das Recht brechenden Gewalthaber so gut wie überall und immer anerkannt war und ist. Diese Anerkennung, ja Kodifizierung, hat in den Staaten angelsächsischen Rechts und auch in Dänemark praktisch bis heute keine Unterbrechung gefunden, wohl aber auf dem Kontinent im Zeitalter des Absolutismus, wobei sie in Frankreich durch die Revolution von 1789 wieder zum Leben kam und lebendig geblieben ist. (…) (Zudem gab es) ein voll ausgebildetes mittelalterliches Widerstandsrecht (…), gewachsen aus den drei Wurzeln eines bereits vormittelalterlichen germanischen Volksrechts, eines feudalen Widerstandsrechts des Lehnstaates und eines von der Kirche entwickelten Widerstandsrechts"[95] welches sogar über dem Gottesgnadentum stand. Kielmansegg weist ferner auf die „Straßburger Eide" und den karolingischen Staatsvertrag von 842 hin, der besonders die Soldaten betrifft, weil diese den Eid ihrem Herrscher schworen und für den Fall des königlichen Rechtsbruches davon entbunden waren.[96] — Klar wird daraus,

---

[94] Vgl. Kielmansegg J.A.v.: Der deutsche Soldat und der 20. Juli. In: Festschrift zum sechzigsten Geburtstag. 1966, S. 53ff
[95] A.a.O. S. 55
[96] Vgl. a.a.O.

dass jedem Menschen ein innerer Kompass von alters her zugebilligt wird, dessen Ergebnis eine Gewissensentscheidung sein kann. Dass daraus in einem Verfassungsprozess ein ganzes Rechtssystem entstehen kann, wäre eine sinnvolle Ergänzung, was Kielmansegg an dieser Stelle jedoch nicht erwähnt, vielleicht auch weil dies bei einer Rede zum militärischen Widerstand zu weit gefasst gewesen wäre.

Schriftliche Gesetze und die Verfassung sind nur das Ergebnis, die Bevölkerung ist damit der Rechtsträger. Deswegen ist es Voraussetzung einer demokratischen Streitkraft, dass sich diese mit dem Staat identifizieren kann und „sie muss sich auch getragen wissen vom Vertrauen und Verteidigungswillen der eigenen Bevölkerung." Und weiter: „Das wechselseitige Verständnis zu fördern für die unterschiedlichen Aufgaben und Strukturen von freiheitlichem Rechtsstaat und pluralistischer Gesellschaft einerseits und durch Gehorsam effektiven und zuverlässigen Streitkräften andererseits, das gehört zur besonderen Aufgabe und Verantwortung des Generalinspekteurs."[97] Damit ist klar, wo die historische Begründung angekommen ist, nämlich bei Ulrich de Maizière. Eberhard Wagemann hat 1982 dessen „fortwirkende Impulse für die Innere Führung" zusammengestellt. – Die Streitkräfte können den Rechtsstaat nicht vor dem Fall halten, wenn dieser nicht freiheitlich und pluralistisch gesinnt und geordnet ist. Die innere Haltung der Bürger ist entscheidend, auch für den Charakter der Armee. Im Gegenzug können diese in Haltung vereinten Bürger es nicht zulassen, wenn Teile der Streitkräfte diese Haltung nicht teilen.

Der Begriff der „Wechselseitigkeit" hört sich harmlos an, hat aber erhebliche Macht. Wenn der Rechtsträger, die Gesellschaft also, die Tätigkeit der Armee als äußeren Schutz ablehnt oder sie desinteressiert vor sich hin arbeiten lässt, macht die Gesellschaft die Streitkraft orientierungslos und schwach und sich selbst wehrlos gegen die Widrigkeiten einer sich immer im Ungewissen verbergenden Zukunft. „Denn die militärische Verteidigung einer Demokratie kann weder auf den Verteidigungswillen des einzelnen Bürgers einer Nation verzichten noch

---

[97] Wagemann E.: Fortwirkende Impulse für die „Innere Führung". In: Ulrich de Maizière. S. 108

auf die Tüchtigkeit der Truppe."[98] Wagemann zitiert hier selbst de Maizière in seiner Schrift „Bekenntnis zum Soldaten".[99]

Aus diesem o.g. Zitat wird ersichtlich, dass der ehem. Generalinspekteur ganz besonders die Verankerung der Bundeswehr in der Bevölkerung betont. Nicht anders ist es in dem von ihm als Pensionär selbst verfassten Buch „Führen im Frieden" aus dem Jahr 1974.[100] Darin bespricht er zuerst die rechtlichen Grundlagen der Bundesrepublik im Allgemeinen wie der Bundeswehr im Besonderen. Dabei nimmt er leider erst beim Grundgesetz seinen Anfang und bleibt bei allen erklärenden Passagen doch im Deskriptiven, indem er darlegt, was ist und nicht *warum* es so ist. Der Wille der Bevölkerung spielt bei ihm keine argumentative Rolle. Er hat sich, dieser Eindruck drängt sich auf, im Gesetz ausgedrückt, damit ist er bestimmt und bedarf keiner weiteren Erklärung. Diese gesetzesethische Gewissheit des Protestantismus hilft in einer tatsächlich zu leistenden Begründung wenig. Denn jeder soll verstehen und das Verstandene als Teil von sich annehmen und aus dieser Bildung heraus handeln.

Um die breite Basis dieses Gedankens zu dokumentieren sei auf Wolf von Baudissin verwiesen. „Es hat unter uns (also Baudissin, de Maizière und Kielmansegg, Th.W.) schon immer Einmütigkeit darüber bestanden, dass die soldatische Ordnung ein *kongruenter Teil* der Gesamtordnung sein muss. Armeen können nur in Form sein, wenn sie die Struktur des Ganzen widerspiegeln und wenn sie von dem gleichen Geist beseelt sind, der das Ganze trägt."[101] Dabei erscheint es wirklich wichtig, dass Baudissin die Formulierung „vom Geist beseelt" gewählt hat und nicht etwa „durch dieselbe Rechtsordnung vereint" gesagt hat, weil dies nämlich genau in die Richtung weißt, die das erste Axiom benennt. Aus der Seele des Staates und der Gemeinschaft heraus kommt der Wille zum Staat, zu seiner Verfasstheit und zu dessen Verteidigung. Von dieser Seele sind die Streitkräfte abhängig.

---

[98] A.a.O. S. 114
[99] Maizière, U. de: Bekenntnis zum Soldaten. S. 186f
[100] Maizière, U. de: Führen im Frieden. Bernard und Graefe, München 1974
[101] Baudissin, W.v.: Innere Führung. Rede bei der Verleihung des Freiherr-vom-Stein-Preises 1965. In: Grundwert Frieden, S. 290

Dass der Blick auf die Axiome den Kern der Inneren Führung jenseits des gesetzlichen Buchstabens sieht, wurde schon erwähnt. Denn: Der Gesetze gibt es immer zugleich zu viele und zu wenige. Zu viele, um sie im Augenblick der Entscheidung zu wissen und zu wenige, um den Einzelfall in der spezifischen Situation zu regeln. Der einzige Weg führt zu dem im täglichen Dienst geübte Vorgesetzte und die sich in ihm ausgeprägte Haltung und seine abwägende und vereinende Denkgewohnheit.

Gesetzesethische Begründungen geben kaum Antworten auf individuelle Fragen. Auffällig ist diese monomethodische Herangehensweise und Gesetzessprache bei Ulrich de Maizière.[102] Offenbar hat die Innere Führung spätestens nach den Werken Ilsemanns und de Maizières, also Anfang der 1970er Jahre, jene „Baukastensprache" angenommen, die heute noch in vielen Veröffentlichungen zu finden ist und die als Begriffsdatei am Zentrum Innere Führung tatsächlich existiert. Im Grunde hat sich darüber schon Kielmansegg lustig gemacht, der im Vorwort zu Ilsemanns Buch dieses als ein „Kompendium zum Nachschlagen"[103] bezeichnet hat, welches im Grunde nichts anderes ist als eine Hausführung durch das „Gebäude" der Inneren Führung. Hier ist dies, dort ist das. Das funktioniert so und jenes ein bisschen anders. Es gibt aber, wie schon erwähnt, bei der Inneren Führung keinen Vollzähligkeitsappell und vor allem ist damit der Grund für Beliebigkeit in der Argumentation gelegt, weil man die Hausführung mal so und mal so machen kann. Das stört mitdenkende Soldatinnen und Soldaten, zugleich erscheint manchem dieses Haus zur Gralsburg der Inneren Führung geworden zu sein, was nachvollziehbar ist.[104] Diese Vorgehensweise hat Folgen, weil die *traditionelle Baukastenargumentation gesetzesethisch proklamiert und nicht situationsspezifisch – vom Menschen und vom Ereignis aus – konzeptionell argumentiert. Wer argumentieren möchte, braucht ein systematisches Gerüst, das für sich keiner Begründung mehr bedarf.*

Dass die Metapher Kielmanseggs vom Haus, dem Grundriss und den diversen Zimmern sehr gut mit dem Begriff „Konvolut" übereinstimmt, sei noch erwähnt. Die angeblich von der Inneren Führung zu

---

[102] Vgl. a.a.O. S. 136ff

[103] Kielmansegg, J.A.v.: Einführung. In: Ilsemann, C.-G.: Die Bundeswehr in der Demokratie. S. röm. VI

[104] Vgl. Bohnert, M.: Innere Führung auf dem Prüfstand. S. 35, 86f

bearbeitenden, buntgemischten und sich vervielfachenden Themen reihen sich auf, wie die Zimmer eines Hauses. Die Besinnung auf die fünf Axiome der Inneren Führung ist im Grunde nichts anderes als der Umzug der Inneren Führung aus dem staubigen Palast der Vorväter in ein übersichtliches Tiny House, wo man aber seine fünf Utensilien findet und damit gut leben kann.

4.2 Zweites Axiom:

Zur Freiheit berufen **– Grundsätze der Inneren Führung einer demokratischen Streitkraft sind notwendigerweise zeitlos. – Demokratieprinzip**

Wer anstrebt auf Höhe der Zeit sein zu wollen, muss wissen, dass er damit immer drei Nachteile in Kauf nimmt, die notwendigerweise nichts mit einer Unfähigkeit zur Anpassung zu tun haben, sondern die sich aus der Logik ergeben.

1. Wer auf der Höhe der Zeit sein möchte, ist ihr immer hinterher. Hinter diesem Satz verbergen sich zudem einige Teilwahrheiten, die der Betrachtung wert sind. Die Zeit, so sie als Zeitraum verstanden wird, und das muss sie, weil der Zeitpunkt in seiner Kurzlebigkeit kaum eine Existenz hat, muss definiert und analysiert werden, was immer eine komplexe Sache ist und deswegen seinerseits einige Zeit braucht. Es ist also gar nicht wichtig, auf ein scheinbar träges System Bundeswehr hinzuweisen. Allein schon der politische Wille, so er deutlich zu erkennen ist, der geopolitische Rahmen, die gesellschaftlichen Üblichkeiten und persönlichen Wünsche und die militärfachlichen Anforderungen deuten auf eine hochkomplexe Lage, die kaum einfache Antworten parat haben kann.

Gerade wenn man sich redlich müht „Zeitgemäßheit" zu erfassen, wird eine hohe Diskursfähigkeit vieler Beteiligter vorausgesetzt, die dann festlegen, was zeitgemäß ist. Dies deutet an, in welch schwieriger Situation die Innere Führung und der Vorgesetzte vor Ort stehen können. Es grenzt an ein Wunder des gesunden Menschenverstandes, wenn es hier überhaupt zu vernünftigen Lösungen kommt, die dann die Zustimmung vieler erfahren können.

Allein schon die gegenwärtige Entwicklung im Krieg Russlands gegen die Ukraine zeigt auf, wie schnell sich alles ändern kann. Von heute auf morgen hat sich die Welt in Europa und darüber hinaus verändert. Die Zeit hat sich gewendet. – Sich an Zeitgemäßheit orientierende Innere Führung könnte hier gar nicht reagieren. Mit einem gewissen Schmunzeln mag man sogar der Auffassung sein, dass die alte Innere Führung, welcher oft vorgeworfen wurde, die Anforderungen der Einsatzarmee nicht berücksichtigt zu haben, so lange gewartet hat, bis sich die Armee der weltweiten Einsätze von selbst verabschiedet und sich wieder auf Land und Bündnis besinnt.

2. Wer auf der Höhe der Zeit sein möchte, ist immer reaktiv. Dieser zweite Punkt ist im ersten schon angeklungen. Was bringt es, sich am sog. Zeitgemäßen zu orientieren? Es bildet sich hier nämlich ein hierarchisches Verhältnis heraus. Nicht die begründeten Grundsätze der Inneren Führung geben den Ton an, sondern die Zufälligkeiten der Zeit. Wie hochkomplex das Zusammenspiel dessen ist, was in einem Zeitraum den Geist der Zeit kreiert und wie unvorhersehbar dies ist, wurde im vorherigen Absatz angesprochen und davon sollte man sich in keinem Falle abhängig machen. Innere Führung, die aufgrund der postulierten Anforderung der Zeitgemäßheit hauptsächlich reagiert, ist keine Führung.

Dass die Innere Führung immer wieder das Zeitgemäße für sich reklamiert, liegt nicht nur an ihrem Umfeld. Sie selbst war es, die als Reaktion auf die Fehler der NS-Zeit und speziell der Wehrmacht entstand. Sie entsprang in der Himmeroder Denkschrift eindeutig aus der Haltung des So-darf-es-nicht-Weitergehens. Dies ist vor dem Hintergrund der Verstrickungen des Krieges nur zu verständlich. Klar muss aber auch sein, dass dies ein Ursprung aus einer Negativmotivation heraus war, wo klar gesagt wurde, was wir *nicht mehr* wollen. Die damalige Haltung war sicher richtig, vielleicht auch der einzig praktikable Weg, und die Innere Führung hatte nicht die Zeit, sich systematisch zu entwickeln. Sie ist das Produkt lebenskluger und militärisch fachkundiger Demokraten, aber sie ist in ihrer Webstruktur reaktiv angelegt. Wenn man das für alle Zeiten so belässt, entsteht das Bild einer hinterherhinkenden Inneren Führung, welche die sogenannten „Zeichen der Zeit" braucht, um zu wissen, was sie will. Dadurch gerät sie automatisch ins Hintertreffen und in die Defensive und muss sich dann fragen lassen, warum man sie überhaupt braucht, wenn sie von ihrem Selbstverständnis zu wenig die Zukunft im Blick hat.

Aus diesen Gedanken wird auch klar, warum es äußerst sinnvoll ist, mit den Axiomen der Inneren Führung ein neues kritisches Narrativ zum Aufzeigen der Möglichkeiten der Inneren Führung zu schaffen. Nicht weil das alte nicht mehr zeitgemäß wäre, sondern weil sich eine zeitgemäße Innere Führung von selbst abschafft, weil die Zeit einfach vergeht. Deswegen ist es elementar wichtig aus der Zeitlichkeit zu wirklichen Grundsätzen (Axiomen) zu kommen, die bewusst das geisteswissenschaftliche Denken in den Mittelpunkt stellen, auch wenn dies „etwas philosophisch" anmutet und ungewohnt ist. *Nur wer Grundsätzliches bietet und Truppenpraktiker hat, die diese Grundsätze in der alltäglichen Arbeit sehen und dementsprechend führen, kommt vor die Welle!* Es geht logisch und auch praktisch gar nicht anders.

Gefragt sind wenige Axiome und deren intelligente Auslegung im Einzelfall. *Urteilskraft ist gefragt und keine angebliche Zeitgemäßheit* in immer dicker werdenden Vorschriften, Weisungen und Handbüchern. Ähnlich wie im Zwölftafelgesetz der Römer, das auf dem Forum in Stein gemeißelt die Rechtsgrundsätze bestimmte, die dann in der Gerichtsrede ihre Anwendung auf den Einzelfall fanden. So sollte es auch in der Inneren Führung und in ihrem Axiomen sein, wo durch wenige Grundsätze, die im Grunde auf eine Taschenkarte passen, das innere Gefüge der Streitkräfte geregelt wird.

3. Wer auf der Höhe der Zeit sein möchte, ist nicht autonom. Auch dieser Unterpunkt wird durch das Vorherige schon angedeutet. Man darf die große Frage stellen: ‚Wer definiert die Zeit'? In der zu Recht anerzogenen Bescheidenheit würde fast ein jeder zustimmen, wenn der Blick zunächst zu anderen geht. Kaum einer wird für sich in Anspruch nehmen wollen, das Zeitgeschehen beeinflussen zu können, sondern man schaut, was sich um einen herum tut. Die Innere Führung ist jedoch ein Thema, das größer ist als jeder einzelne, der sich damit beschäftigt. Es geht um die Grundfeste des Staates und deren Verteidigung und damit ist falsche Bescheidenheit nicht angebracht, sondern Führung im demokratischen Sinne. Bei aller Diskursfreude müssen hier Regeln und Einsichten herrschen, die so grundlegend sind, dass sie für

sich nicht mehr begründet werden müssen. Staat und Gesellschaft dürfen gerne auf die Innere Führung schauen und davon lernen.

Der angebliche Vorteil, der sich aus der Bestimmung des Zeitgemäßen ergibt, wäre eine klare Definition, was in der Bundeswehr sehr gewohnt und beliebt ist. Im Bereich der Inneren Führung wird damit aber eine trügerische Sicherheit aufgebaut, weil die Definition des Zeitgemäßen immer eine Überforderung darstellen muss. Die scheinbare Klarheit des Begriffs wird, wie bei Liessmann schon angedacht wurde,[105] zu einem Definitionsraum für die Dialektik von *Konformität* und *Unangepasstheit*. Wer die Zeit definieren will, muss dies immer vor dem Hintergrund *seines* (lebens)geschichtlichen Zeitverständnisses tun. Aus dem Wissen über das Überwundene strahlt ein Scheinwerfer in die Gegenwart, weil nur die Abgrenzung zum Alten das Neue überhaupt zur Geltung bringt. – Der offene und im Dialog befindliche Vorgesetzte kann mit seiner Art zu bewerten und zu führen einen Halt im dialogischen Spannungsfeld zwischen *Kontinuität im Altbekannten* und *Korrektur im Jetzt* finden. Umso leichter tut er sich, wenn ihm wenige zeitunabhängige Überlegungen zur Verfügung stehen und er auch die Übung und die Zeit für diese Gedanken hat.

Die Urteilskraft im Jetzt ist das Zeitgemäße der Inneren Führung. Klar muss auch sein, dass dieses abwägende Denken militärhistorische Vorbilder hat. Uwe Hartmann verweist auf Clausewitz und dessen Führungsphilosophie, in deren Mittelpunkt steht der „feine, durchdringende Verstand (…), um mit dem Takte seines Urteils die Wahrheit herauszufühlen.“[106] Nur so kann es gelingen, die Unwägbarkeiten der Kriegsführung in den Griff zu bekommen. Sich in einem Definitionsraum geistig aktiv und frei zu bewegen, ist also nicht nur für die Innere Führung entscheidend, sondern für die alles andere übertreffende Aufgabe, nämlich die erfolgreiche Gefechtshandlung.

In der Inneren Führung ist die geistige Haltung des Abwägens oder Oszillierens der Gedanken keine andere als bei Clausewitz. *Vielleicht ist das sogar die Chance für die Axiome der Inneren Führung sich durchzusetzen, weil sie einer zutiefst militärpraktischen Geisteshaltung entspringen, ohne die es nicht*

---

[105] Vgl. Kap. 2.1
[106] Hartmann, U.: Offiziersbibliothek. S. 84f

70

nur in der Menschenführung, sondern auch in der Gefechtsführung nichts zu gewinnen gibt!

Auf diesen Punkt weist auch Kielmansegg hin: „So wie ein Speer auf die Spitze, nicht aber auf den Schaft hin konstruiert sein muß, um wirksam im Ziel sein zu können, der Schaft aber so sein muß, daß er der Spitze Wucht und Richtung gibt, so darf die Innere Führung nicht aus dem Auge verlieren, daß eine Armee auf ihre Kämpfer hin ‚konstruiert‘ werden muß.“[107] An dieser Stelle sei darauf hingewiesen, dass aus gutem Grund der Auftrag und das Ziel der Streitkräfte, nämlich Verteidigung über allem steht. Da unterscheiden sich die Axiome nicht von der Tradition der Inneren Führung. Innere Führung ist nicht der Ort, wo Einzelinteressen über die Gesamtheit triumphieren.

Am Ende des Kapitels muss aber doch noch zugegeben werden, dass der Begriff des „Zeitgemäßen“ in der Inneren Führung bei den Gründungsvätern eine Rolle spielt. „Zeitgemäße Menschenführung“ wird als Markenkern gesehen. Soll das jetzt alles falsch sein? Hier kann Entwarnung gegeben werden, da sich dieser Begriff verselbständigt hat und so eine weitgehend unbemerkte Umdeutung erfahren musste. Ist es doch so, dass alle drei Gründungsväter der Inneren Führung ihren militärischen Ursprung in Reichswehr bzw. Wehrmacht hatten und sie zugleich in ihrer Lebenszeit eben auch prägende Persönlichkeiten der Bundeswehr waren. Hier hat sich die Zeit wirklich gewendet, vom Demagogischen zum Demokratischen, vom Parieren zum Partizipieren, vom Indoktrinieren zum Individualisieren, vom bloßen Gehorchen zum Gehör finden.[108] Innerhalb der Lebensspanne änderte sich die Zeit und hier hat die Forderung nach Zeitgemäßheit auch ihre Berechtigung. Diese Zeitenwende nachzuempfinden, vermögen heute noch die Kameraden der Bundeswehr, die in der NVA ihren militärischen Ursprung genommen haben. Verändert hat sich hier aber nicht die Zeit, sondern nichts weniger als das Staatssystem in der Zeit.

---

[107] Kielmansegg J.A.v.: Einführung. In: Ilsemann, C.-G.: Die Bundeswehr in der Demokratie, S. röm. XII.

[108] Auf Ansätze Innerer Führung in der Wehrmacht konnte aber auch in der Bundeswehr zurückgegriffen werden. Es war ein ungeschriebenes Gesetz, dass Untergebene „anständig behandelt“ werden. Rechte ließen sich daraus nicht ableiten. Vgl. Neitzel, S.: Deutsche Krieger. S. 356-361

Was hingegen heute als wichtig für angeblich zeitgemäße Menschenführung verstanden wird, ist in der Regel nichts anderes als gestörte Empfindlichkeit, die im Grunde die Einsatzbereitschaft der Bundeswehr durch überbewertete Individualinteressen gefährdet oder gar bewusst in Kauf nimmt. Wer sich hier auf angeblich zeitgemäße Innere Führung beruft, verdreht und missbraucht sie. Dieser Beurteilung sei mit Baudissin ein Spiegel vorgehalten: „Gerade im Blick auf unerfreuliche Vorfälle und gelegentlich recht bedenkliche Verstöße gegen die Grundregeln *freiheitlicher Menschenführung* ist folgendes anzumerken: Überall dort, wo freiheitlich gesonnene Vorgesetzte ihr Handwerk verstehen und sich mit unserer Wirklichkeit und den Forderungen der Inneren Führung identifizieren, gibt es erstaunlich wenig Reibungen und Pannen"[109], was gerade, so der Kontext des Zitats, auch in Belastungssituationen gelte. Daraus kann geschlossen werden, dass *freiheitliche Menschenführung* und die von Baudissin an anderen Stellen auch so benannte *zeitgemäße Menschenführung* für ihn *annähernd synonym* zu verstehen sind, weil wir eben nach 1945/1990 in einer *freiheitlichen Zeit* leben dürfen. Zeitgemäßheit ist also nicht das Aufgreifen von Moden und gesellschaftlichen Entwicklungen, wo sich erst herausstellen muss, ob es nicht Fehlentwicklungen sind. Erst recht falsch wäre es, diesen ungeprüften Entwicklungen noch in Vorschriften, Erlassen und Handbüchern Raum zu geben, wo sie auf Grund der Trägheit des Systems auch dann noch gelten würden, wenn sie sich längst als obsolet entpuppt haben.

Damit das Synonyme zwischen zeitgemäßer und freiheitlicher Menschenführung noch deutlicher wird, ein letztes Zitat aus der Preisverleihung 1965 an alle drei Väter der Inneren Führung, in dem man sich also auf alle drei berufen kann, zumal hier Baudissin direkt de Maizière

---

[109] Baudissin, W.v.: Innere Führung. Rede bei der Verleihung des Freiherr-vom-Stein-Preises 1965. In: Grundwert Frieden, S. 296. Es sei mit Blick auf dieses Zitat auch bemerkt, dass gute Innere Führung eine komplexe Sache ist, die angeleitet, fachkundig hinterfragt und langjährig geübt sein mag. Neue Innere Führung, so ist aus Gesprächen mit jungen Offizieren herauszuhören, sollte „zeitgemäß" mehr eine von unten kommende Erneuerung (bottom up) sein. Früher hat man das als Graswurzelbewegung bezeichnet. Das ganze vorliegende Buch zeigt auf, dass dieser Weg eine Überforderung des einzelnen wäre, weil eben Innere Führung eine echte Führungsleistung ist, welche die entsprechende Kenntnis, Eignung und Erfahrung (Urteilskraft) voraussetzt.

zitiert. Dies ist als das Entscheidende in der Begründung zu werten, womit *eben Zeitgemäßheit nicht der Spiegel des gesellschaftlichen Zeitgeschehens ist, sondern die Verzeitlichung des zeitlos Richtigen, der Freiheit.* „Die Innere Führung vollzieht sich in einer zeitgemäßen soldatischen Menschenführung, die dem Soldaten die innere Haltung und Kraft zum Kampf mit der Waffe gibt, und in einer geistigen Rüstung, die ihn für die geistige Auseinandersetzung mit dem uns bedrohenden Totalitarismus rüstet.“[110] Entscheidend ist die Betonung der Freiheit durch die Ablehnung des Totalitarismus, der erfahrungsgemäß im Laufe der Zeit nur sein äußeres Erscheinungsbild, seine Wortwahl oder seine regionale Herkunft ändert, aber nicht seinen Freiheit vernichtenden Herrschaftsanspruch. Die Bundeswehr wählt die Freiheit!

4.3 Drittes Axiom:

***Dein Leben im Blick* – Gegensätze in der Menschenführung ergeben sich aus der Notwendigkeit der persönlichen Lebensrealität. – Personalitätsprinzip**

Stand zuerst die Gesellschaft und der in ihr vorherrschende Geist und anschließend der zeitlose Wert der Freiheit im Mittelpunkt der Betrachtung, so geht der Blick nunmehr auf den einzelnen Soldaten, der nicht als Werkzeug zu sehen ist, um als Mittel zu dienen, sondern um ihn „immer auch als Zweck an sich selbst“ im Auge zu haben. Diese bei Kant wiederzufindende Formulierung bedarf einer Erläuterung.

Oft sind es bei Kant die kurzen Wörter, die dazu neigen, weggelassen oder überlesen zu werden. Tatsächlich beinhalten sie den eigentlichen Schlüssel zum Sinn. In unserem Zitat sind es die grammatikalischen Füllwörter „immer auch“, denn sie benennen eine stete Gemeinsamkeit unterschiedlicher Dinge. Es ist so und zugleich *immer auch* noch etwas anderes. Zunächst aber das ganze Zitat, das im Grunde in einem Satz das gesamte Menschenbild der Aufklärung enthält und aus einem demokratischen Staatswesen und seinen Streitkräften nicht

---

[110] A.a.O. S. 290

wegzudenken ist, also ein Axiom begründen kann. „Denn vernünftige Wesen stehen alle unter dem Gesetz, dass jedes derselben sich selbst und alle andere niemals bloß als Mittel, sondern jederzeit zugleich als Zweck an sich selbst behandeln solle."[111] Bei Kant gibt es zwei dieser sogenannten Selbstzweckformeln, die beide zuerst den Blick auf die eigene Person richten.

Kants Augenmerk liegt zuerst nicht auf der Möglichkeit des Fremdmissbrauchs, indem mich jemand „vor den Karren spannt", um seine Ziele zu erreichen, sondern es ist interessanterweise der mögliche Selbstmissbrauch, indem man sich selbst als Mittel zum Erreichen von Zielen hingibt. Dies macht auch einen Unterschied zur Goldenen Regel, welche selbstzerstörerische oder Selbstachtung gefährdende Mittel nicht im Blick hat. Selbstausbeutung, z. B. durch Taten gegen die eigene Gesundheit und Handlungen gegen den eigenen Stolz sind ein Akt gegen die Menschlichkeit. Man muss sich selbst noch im Spiegel betrachten können.

Natürlich kommen auch „alle anderen" noch in den Blick und dies auf eine sehr lebenskluge Weise. Es ist nämlich schon mit dem Menschenbild der Aufklärung vereinbar, den anderen als Mittel zu behandeln. Der Busfahrer, zu dem ich zusteige, ist selbstverständlich Mittel zum Zweck, weil ich ein Fahrziel habe, das ich durch ihn erreichen will. Genauso ist es beim Soldaten, der einen Auftrag erhält und von dem erwartet wird, dass er ihn ausführt, wobei nicht alle seine individuellen Sichtweisen, Freuden und Sorgen interessieren, sondern das, was er zu tun hat. Dieser sachlichen Sicht steht nichts im Wege und der Vorgesetzte muss auch nicht die Karikatur eines Sozialpädagogen mimen. Der Chef darf klar benennen, was er will und was er erwartet.

Nur an dieser Stelle kommt das schon erwähnte „immer auch" ins Spiel, das den Blick weitet und ihn auf die beauftragte Person richtet. Wie das im Einzelnen auszusehen hat, ist ganz der Schärfe und Präzision der Urteilskraft des Vorgesetzten anvertraut. Ob es der genau für diesen Soldaten passende Ton in der Ansprache ist, eine Geste, einige persönliche Sätze, bevor man den Auftrag erteilt oder etwas anderes,

---

[111] Kant, I.: Grundlegung zur Metaphysik der Sitten. In: Akademieausgabe (AA) Bd. IV, S. 433 Kant nennt die Person das vernünftige Wesen, wobei er eine geschlechterspezifische Formulierung vermeidet, was das oft zu hörende Vorurteil einer Philosophie sei von Männern für Männer gemacht, ganz nebenbei revidiert.

gibt das *Einmalige der Situation* vor. Diese hat der kluge, geübte, klare und wohlwollende Vorgesetzte entsprechend zu gestalten. Was jedoch immer möglich sein soll, ist der *direkte Blick* des Vorgesetzten auf seine Kameraden und Soldaten. Das Gesehen-Werden ist nicht ersetzbar und jeder merkt, ob er gesehen wird oder ob man an ihm vorbei schaut. Formen der Missachtung gibt es zuhauf. Da nützt es auch nichts, wenn die Kommunikation korrekt formuliert und sprachlich ausgefeilt wurde, die Absicht und die Haltung des Vorgesetzten ist auf kurz oder lang immer erkennbar. – Nicht zuletzt der Blick in eingehende und zu bearbeitende Beschwerden zeigt, dass fast alle Schwierigkeiten im Leben der Truppe aus dem Nicht-gesehen-Werden durch den Vorgesetzten entspringen. Ist das gegenseitige Misstrauen erst einmal geweckt, werden Vorfälle gesucht und gefunden, die dieses Unbehagen „beweisen" sollen. Dies schwächt die Einsatzbereitschaft und ist schon deswegen keine Bagatelle. Der zugewandte Vorgesetzte ist der Schlüssel zur gelebten Inneren Führung und dadurch *immer auch* zur Einsatzbereitschaft.

Das „Immer-Auch" als stete Gleichzeitigkeit des Verschiedenen ist der Sache nach bereits bei Schiller anzutreffen,[112] der darauf seine Ästhetik aufbaut. Ästhetik als einen wichtigen Bestandteil der Inneren Führung zu sehen, der so elementar ist, dass er ohne weitere Begründungsnotwendigkeit klar ist, scheint gewagt. Die Lösung liegt auch hier, wie schon beim Begriff des „Zeitgemäßen", in einem merklichen Bedeutungswandel des Begriffs. Versteht man unter Ästhetik heute nur noch die Verengung auf künstlerische Gestaltung, so sieht die Philosophie des 18. Jahrhunderts diesen Begriff viel weiter. Geht es doch um die Verbindung von Gegensatzpaaren und das Leben eines jeden ist voll davon. Immer wenn es um den Einzelnen und die Gesellschaft geht oder um das Individuelle und das Allgemeine, sind wir im Bereich der Ästhetik. Dass hier auch das Schöne eine Rolle spielen kann, ist eine motivierende Ergänzung. Der von Schiller genannte Weltbürger verbindet geschickt individuelle und allgemeine Interessen, er fügt sich in die Gesellschaft ein, ohne in ihr zu verschwinden.

In der Systematik der Inneren Führung wurde gezeigt, dass es die Person des Vorgesetzten ist, welche die Komplexität aus persönlichen

---

[112] Vgl. Kap 3.2

Zielen und Anforderungen, Gefühlen und Verstand, individueller Bereitschaft und Pflicht verstehen muss, um zu Einsichten und dann zu Handlungen zu kommen, die dann für alle gelten, aber *immer auch* den Einzelnen im Blick haben. Demokratische und ästhetische Ziele liegen also nicht weit auseinander, sogar eine synonyme Ähnlichkeit ist zu erkennen. Demokratie muss sogar ästhetisch sein, will sie sich selbst erhalten und schützen und zugleich das Individuum im Blick haben.

Was heißt das konkret? Für sorgsam überlegte Entscheidungen fehlt meist die Zeit, was in dem Sinne auch nicht tragisch ist, weil jeder geübte und reflektierte Vorgesetzte eine *innere Haltung* entwickelt, die eine gewisse Automatisierung zur Folge hat.[113] Dabei wird meist unbewusst gehandelt, was aber grundsätzlich, wenn man sich die Zeit nehmen würde, auch begründet werden könnte. Damit unterscheidet sich die *unbewusste Handlung* vom *bloßen Hantieren*, weil letzteres sein Tun nicht versteht und im besten Falle nach dem Modus „Lernen aus Versuch und Irrtum" funktioniert, aber nicht mittels durchdachter Begründungen. Der in seiner Haltung gefestigte Vorgesetzte ist in seinen unbewussten Handlungen ein Profi. Wem dies fehlt, für den bleiben nur weniger schmeichelhafte Attribute. Vorgesetzte, die zu geistig unterkomplexem Denken neigen, sind als demokratische Führungspersönlichkeiten ungeeignet.

Die Gründungsväter der Inneren Führung sollen erneut in den Blick genommen werden. Der professionelle Führer und Menschenführer zeichnet sich durch oft unbewusste Handlungen aus, die aber – wenn man immer so viel Zeit hätte – der Reflexion standhalten würden. Daraus entwickelt sich eine Haltung als guter Vorgesetzter, die auch von anderen so gesehen wird. Nichts anderes ist gemeint, wenn Eberhard Wagemann mit ausdrücklichem Rekurs auf Ulrich de Maizière bemerkt, dass der Vorgesetzte durch seine Person überzeugen muss: „Die Kräfte und Werte, die die demokratische Verfassung gestaltet hatten, der Wille zur Freiheit und zur Mitverantwortung, sie müssen auch den Dienst in den Streitkräften bestimmen. So verlangt es auch Graf Baudissin als Pragmatiker. Aber de Maizière erkannte, dass die Erziehung zur Mitverantwortung ein langer, nie endender Prozeß ist, weniger eine Frage

---

[113] Vgl. Wanninger, Th.: Bildung und Gemeinsinn. S. 107ff

von Befehl und Gehorsam, vielmehr die Aufgabe, durch *Beispiel* zu überzeugen."[114]

Das Beispiel kann nur das direkte und alltägliche Führungsverhalten sein. In früheren Jahrzehnten hätte man dies als „Formung" des Soldaten bezeichnet, wobei dieser Begriff schon deswegen falsch ist, weil er die notwenige Selbsttätigkeit des Soldaten, ohne die keine Mitverantwortung möglich ist, nicht ausreichend betont. Werte und Freiheit zu wollen, und daraufhin sein Handeln und seine Haltung auszurichten, muss jeder Angehörige einer demokratischen Streitkraft erst einmal *wollen*. Man kann nämlich alles Mögliche befehlen und anordnen, dass ein anderer das zu *wollen hat*, schließt sich von selbst aus. Es braucht also immer zweierlei günstige Umstände: Denjenigen, der das Beispiel gibt und den anderen, der das Beispiel nicht nur kopiert, sondern den Kern des Beispiels, eben die darin sich öffnende Haltung und Einsicht, sehen will und dies intellektuell auch zu Stande bringt. „Innere Führung (ist) keine Rezeptsammlung."[115]

Das mit dem guten Beispiel ist schnell gesagt. Was damit gemeint ist, lässt sich am besten aus der wechselnden Verwendung des Begriffs ableiten. Sprach man im 19. Jahrhundert noch vom „Exempel", wurde dann lange der Begriff des „Beispiels" gepflegt, um heute hauptsächlich in der Form des „Best Practice" zu erscheinen. Es macht den Eindruck, dass je neuer der Begriff ist, umso weniger Sinn enthält er. „Best Practice" ist im Grunde die anwendungsbezogene Musterlösung, die aufzeigt, wie es gemacht wird und eher in den Bereich der gerade erwähnten Rezeptsammlung fällt. Damit ist sie nicht unnütz, gerade für den Bereich der Inneren Führung aber nur eingeschränkt geeignet, weil sie durch die Betonung des Nachmachens am Kern der demokratischen Menschenführung und der Mitverantwortung vorbei geht. Etwas unscharf bleibt es auch beim „Beispiel", das von der Wortentstehung nichts mit „spielen" zu tun hat, sondern mit dem Englischen „to spell" in Verbindung steht und damit das Erklären im Blick hat. Das Beispiel ist also die *anbei Gesprochene*, also ein *Nebeneinander* von Kern der Sache und der dazu passenden Geschichte.

---

[114] Wagemann, E.: Fortwirkende Impulse für die Innere Führung. S. 116f
[115] A.a.O. S. 117

Beim „Exempel", das im Englischen und in den romanischen Sprachen fortlebt, wird mehr Wert auf die Sinnhaftigkeit gelegt. Das lateinische Verb *eximere*, das man am besten mit „herausgenommen, ausgesucht" übersetzt, besagt, dass aus den vielen Möglichkeiten eine *Auswahl* vorzunehmen ist. Handlungsmöglichkeiten gibt es diverse, aber warum ist die eine passend und zielführend und die andere nicht? Das Exempel weist damit über das praktische Vormachen hinaus und richtet seinen Blick auf den Auswahlprozess. Und damit dieser im Bereich der Inneren Führung Erfolg haben kann, braucht es vier Dinge: *Grundlegende Einsichten* (Axiome), die für die Auswahl immer gelten und aus sich heraus ohne weitere Begründung einsichtig sind. Zudem *Fachkenntnis*, denn die Führung muss einen militärischen Sinn und Auftrag haben. Der Führungsprozess ist nur die Form, die einen militärischen Inhalt haben muss, weil die Form (das Wie) immer den Inhalt (das Etwas) braucht, um eine Existenz zu haben. Des Weiteren natürlich *Übung*, weil komplexe Dinge nie von heute auf morgen beherrscht werden, was im Grunde keiner weiteren Begründung bedarf, weil es offensichtlich ist. Und zuletzt braucht es *allgemeine Geistesschärfe*. Mir ist dieser Begriff lieber als Intelligenz. Zum einen, weil die Psychologie die Deutungshoheit über alle Bereiche der „intelligence" an sich genommen hat und zum anderen, weil die Trennschärfe das klare Urteil in den Mittelpunkt stellt. Gerade im Militärischen ist diese klare Grenzziehung entscheidend. Vielfältige Worthülsen und alles einschließende (inkludierende) Formulierungen helfen bei der Entscheidung im konkreten Befehl nicht weiter. Hier muss *Klarheit und Deutlichkeit in der Ansprache* gelten, der allerdings die Führungsleistung des gezielten Aussuchens vorrausgehen muss.

Diese beispielgebende Funktion kann der Vorgesetzte nur wahrnehmen, wenn er als in sich stimmige Persönlichkeit erfahren wird und er somit auch Widersprüchlichkeiten verbinden kann. Innere Führung ist keine „Maske, die der Soldat zur Tarnung und Anpassung an die Erwartungen der Öffentlichkeit"[116] trägt und er dabei eigentlich ein ganz anderer ist. In seiner Mündigkeit ist er Träger der Wehrhaftigkeit, wie der Staatsbürgerlichkeit. Wolf von Baudissin sieht hier zurecht den Disziplinarvorgesetzten in einer Schlüsselfunktion, alle Facetten im

---

[116] A.a.O. S. 113

militärischen und oft auch privaten Leben laufen bei ihm zusammen. Er ist im Sinne Schillers der Weltbürger, „der menschliche Mittelpunkt, dessen Ausstrahlung die Atmosphäre maßgeblich bestimmt. Ohne ein gerütteltes Maß an – ich möchte sagen – freiheitlicher Begeisterung, an Kenntnissen und Fähigkeiten können sie schon im Friedensalltag die mannigfachen, an sie gerichteten Anforderungen nicht erfüllen. Projizieren wir ihre Aufgabe nun noch auf die Spannungszeiten oder gar auf das Schlachtfeld, so wird deutlich, welche Last auf diesen Menschen liegt. (…) Das Entscheidende aber ist, dass der *wichtigste Teil der Menschenführung* nicht aus dem Dienstplan abzulesen ist. Er vollzieht sich bei allen Ausbildungsarten (… und) im Gespräch während einer Übungspause. Das Klima, in dem sich Dienst und Freizeit abspielen, ist von ausschlaggebender Bedeutung. Es kann die Werte verdeutlichen, die es zu verteidigen gilt, das Gefühl der Partnerschaft vermitteln und so eine feste und belastbare Grundlage schaffen, aus der sich alles weitere fast von alleine ergibt.“[117] Baudissin ist aber auch so frei und hat nicht nur den guten Disziplinarvorgesetzten im Blick, sondern auch den ungeeigneten, bei dem sich alles „auch (in) das genaue Gegenteil“[118] wenden kann.

Wenn man nur einen Schritt weiterdenkt und dieses dritte Axiom nicht beachtet und der Soldat dem Vorgesetzten *aus dem Blick* gerät, steht alles auf dem Spiel. Welche Grundwerte sollen verteidigt werden, wenn man sie in der Kompanie nicht kennenlernt? Wie einsatzfähig ist eine Kompanie, für deren Soldaten sich der Einheitsführer nicht wirklich interessiert und sich nicht für sie einsetzt?

Um den Soldaten im Blick behalten zu können, ein letztes Zitat, das offenkundig zwischen Baudissin, de Maizière und von Kielmansegg abgesprochen und deswegen besonders wertvoll ist. Zudem greift es das von Schiller bekannte ästhetische Spannungsfeld zwischen Gefühl und Vernunft auf, das nach Einheit drängt. Auch Kant findet sich, wenn auch etwas holzschnittartig zitiert, wieder. Damit ist es auch ein *Schlüsselzitat, dass die neue Innere Führung der Axiome zur bisherigen Lehre passt und ihr vielmehr nur Struktur und ergänzende Literatur gibt, wobei Innere Führung ein Stück weit anders und neu gedacht wird*: „Zur Frage nach dem

---

[117] Baudissin, W.: Innere Führung. Rede bei der Verleihung des Freiherr-vom-Stein-Preises. S. 291
[118] A.a.O.

Menschenbild gehört auch das vieldiskutierte Problem, ob der Soldat vorzugsweise über das *Gefühl* oder über die *Ratio* anzusprechen sei. Wir kamen zu dem Schluss, daß bewusstes Manipulieren der Gefühlswelt menschenunwürdig sei und überdies in Nihilismus, Skepsis und Auflehnung führe, sobald die Absicht erkannt wird. Wir meinen, dass Demokratie, moderne Arbeitswelt und soldatisches Handwerk rationales Handeln verlangen und dass der Sache sich nur der Soldat stellt, der sich von seiner Aufgabe gefordert fühlt, und zwar als Individuum, das heißt *ungeteilt* mit seinem Intellekt, Gefühl und Können. Das gilt besonders, wenn er spürt, dass er nicht als Mittel zu einem bestimmten Zweck, sondern unter Respektierung seiner Würde angesprochen wird. Eine konsequente und überzeugend betriebene Ausbildung bringt zwar unmerkliche, aber umso tiefer greifende Erfahrungen, Eindrücke und Erkenntnisse."[119]

4.4   Viertes Axiom:

Deine Werte im Blick **– Komplementäre Gegensätze zwischen demokratischen Werten und dem militärischen Auftrag bedingen, ergänzen und definieren sich gegenseitig. – Komplementärprinzip**

Denkgewohnheiten sind langlebig. Es ist zu vermuten, dass dieses Axiom für sich genommen auf den ersten und vielleicht auch auf den zweiten Blick nicht einleuchtet. Natürlich ist es durch die Systematik vorbereitet, jedoch erstaunt es immer wieder, dass die Gegensätzlichkeit wichtig sein soll, um den eigentlichen Wert zu erkennen. Und nicht nur das, ohne das Gegensätzliche soll das, was man will, gar nicht definierbar sein und somit nicht gedacht werden können.

Der Weg geht noch einmal kurz zu Hegel. Dieser schrieb in dem für uns ungewohnten Sprachduktus: **„Das Absolute selbst aber ist darum die Identität der Identität und die Nichtidentität;**

---

[119] A.a.O. S. 293f

Entgegensetzen und Einssein ist zugleich in ihm."[120] Bemerkenswert an der im wissenschaftlichen Bereich immer wieder zitierten Stelle aus der sogenannten *Differenzschrift* ist aber der scheinbare Widerspruch. Entweder, so die alltagsübliche Reaktion, ist etwas identisch oder eben nicht. Entweder ist es heiß oder es ist kalt, passend oder unpassend, demokratisch oder undemokratisch, Freiheit gewährend oder einschränkend, aber doch nicht beides gleichzeitig. Genau dies ist aber bei Hegel mit der Identität von Identität und Nichtidentität gemeint.

Dies verständlich zu machen, soll mit einem Gedankengang gelingen, der in ähnlicher Form schon in der Systematik der Inneren Führung angeklungen ist. Erster Schritt: *Wer ich selbst bin, kann ich nur erkennen, wenn ich mich im Vergleich zu anderen sehe.* Es empfiehlt sich, diesen Satz noch etwas anders zu schreiben, um zu sehen, dass man im Grunde gar nicht anders denkt als Hegel. Zweiter Schritt: Wer **ICH** selbst bin, kann ich nur erkennen, wenn ich m**ICH** im Vergleich zu anderen (**Nicht-ICH**) sehe. Mathematisch gesprochen könnte man das so formulieren, ICH = ICH und Nicht-ICH. Bei Hegel beschreibt dies die Identität von Identität und Nichtidentität.

Warum ist das wichtig? Gerade eine demokratische Streitkraft wird als Widerspruch wahrgenommen. Angeblich will die Bundeswehr und die NATO nur den Frieden und die Freiheit und was wird gemacht: Es werden Waffen für den Krieg besorgt und die Freiheit des Staatsbürgers wird eingeschränkt oder im Augenblick des Befehls überhaupt nicht berücksichtigt. Oder ein anderes Beispiel: Unterhält man sich mit ehemaligen Wehrpflichtigen, die wirklich aus Pflicht und nicht aus Einsicht ihren Dienst an der Waffe abgeleistet haben und der Bundeswehr reserviert gegenüberstanden, ist als Resümee oft zu hören, dass sie bei der Bundeswehr in einer Welt voller Widersprüche gelebt haben, deren Sinnhaftigkeit sich nicht erschlossen habe.

Aber wie lässt sich die *Notwendigkeit des Widersprüchlichen* begründen? Für den einen mag die alltagspraktische Überlegung ausreichen, dass man die Feuerwehr auch nur hat, um für alle Eventualitäten gerüstet zu sein und für eben diesen Fall trainieren muss. Ein anderer verweist gern auf den Römer Cicero und sein Zitat: *Si vis pacem para bellum.* ("Wenn du Frieden möchtest, bereite den Krieg vor.") Getreu dem Grundsatz,

---

[120] Hegel, G.W.F.: Differenzschrift. S.85

„lieber haben als brauchen", gibt es ein Gefühl der Sicherheit, wenn man eine einsatzfähige Streitkraft hat, auch wenn man sie gerade nicht braucht.

Diese praktischen Erwägungen sind aber kein wissenschaftliches Argument für die Zumutungen, die Streitkräfte mit sich bringen und wenn in diesem Buch schon der Versuch unternommen wird, eine Konzeption der Inneren Führung vorzulegen, die eben kein Konvolut praktischer Erwägungen sein will, dann muss ein anderes Argument gefunden werden. Durch den Blick zu Hegel liegt es schon auf der Hand.

In der Demokratie geht es immer um die demokratischen Werte und dass es möglichst viele Menschen gibt, die diese auch für sich und das eigene Leben für wertvoll erachten und sie leben wollen. Das schwierige Zitat von Hegel soll deswegen zum letzten Mal angepackt werden, jedoch an einem anderen Schwerpunkt: „Das **Absolute selbst** aber ist darum die Identität der Identität und die Nichtidentität; Entgegensetzen und Einssein ist zugleich in ihm." Für den Wert der Gerechtigkeit übersetzt bedeutet das: Um überhaupt Gerechtigkeit als einen Wert für sich haben zu können, gehören Erfahrungen mit Gerechtigkeit und Ungerechtigkeit dazu. Diesen im Menschen durch das Durchleben komplementärer Gegensätze selbst entstehenden Begriff „Gerechtigkeit" bezeichnet Hegel als das „Absolute", Platon hätte es als „Idee" benannt. Dies lässt sich unschwer auf ähnliche demokratische Werte wie Würde, Freiheit, Gleichheit und Respekt übertragen. Das Absolute ist die Vorstellung oder der Inbegriff von Gerechtigkeit, ohne an etwas Spezielles zu denken oder gar eine Umsetzung zu planen oder durchzuführen. In der heutigen Computersprache ist das Absolute die Hardware, die für sich noch nichts kann, die aber benötigt wird, damit die Software, also die konkrete Anwendung, funktioniert.

Um demnach einen demokratischen Wert bilden zu können, braucht es Erfahrungen mit ihm *und* mit dem Gegenteil. Wenn also der Soldat in seiner Freiheit temporär beschränkt wird oder er dies als Vorgesetzter wiederum seinen Soldaten zumuten muss, handelt er nicht gegen die Freiheit. Nein, er bestätigt sie sogar noch, weil Freiheit im Angesicht von möglichen und tatsächlichen Bedrohungen das Ziel ist und bleibt. Vorgesetzte sind hier aufgerufen, dies zu verdeutlichen. Seit jeher wendet sich die Innere Führung der Bundeswehr gegen Härten als Selbstzweck oder gar Schikane. Härte und Freiheitseinschränkungen sind notwendig aus praktischen Gründen zum Erwerb militärfachlicher Fertigkeiten und zur Übung der Durchhaltefähigkeit, aber auch um eine Idee von Freiheit zu gewinnen. Dieser oszillierende Prozess aus Wert und Nicht-Wert zur Herausbildung eines eigenen Wertebegriffs, die „alte" Innere Führung sprach auch gern von „geistigem Rüstzeug", ist die Schule für demokratische Werte.

Diesem Vorgang entsprechen auch Alltagserfahrung und Lebensrealität. Wenn beispielsweise der Wert des Friedens herausgestellt werden soll, kann dieser kaum auf die Kontrastierung zum Krieg verzichten. Seinen Ursprung hat dieser Gedanke ursprünglich bei Heraklit, auf den sich Hegel bewusst bezieht, weil er in seinen Fragmenten nicht müde wird, Gegensätze als Einheit zu formulieren. „Ein Teil eines Gegensatzpaares tritt nie völlig selbständig auf, sondern immer durch den je anderen Teil des Gegensatzpaares bedingt."[121] Das Unterscheidende und das Einende, auch in einer komplexen Situation zu erkennen ist Aufgabe des Verstandes (*logos*), der in der Sprache Heraklits auch synonym mit der Seele (*psyche*) – gelegentlich auch mit dem Feuer und dem Blitz – verwendet wird. Und tatsächlich ist es so, dass ein wirklich tiefes Verstehen den ganzen Menschen erfüllt und ihn (wie Feuer) ergreift, gerade wenn es um wichtige und kostbare Dinge geht. Dabei ist die Erkenntnis, auf die man manchmal in schwüler Stimmung lange warten muss, plötzlich da. Sie erhellt alles von einem Moment auf den anderen und die (komplexe) Welt hat sich verändert und trotz Widersprüche findet sich ein guter Weg.[122]

Diese Argumentation ist nicht nur geisteswissenschaftliche Grundlage zu einem echten Konzept der Inneren Führung – und damit zurecht ein Axiom, das vor jedem Beginn einer tatsächlichen Wertebildung einleuchtet – sondern auch praktische Erfahrung. Ein Kind oder Jugendlicher, der nur Freiheiten hat, wird die Freiheiten nicht zu schätzen wissen. Verwöhnt fordert es immer mehr ein, um schließlich doch an Grenzen zu stoßen, die ihm dann ein inneres Bild von Freiheit schenken können, denn jede freie Entscheidung ist eine Grenzziehung, sie enthält ein „Ja" und zugleich ein „Nein". Als Kind entscheidet man sich für das eine Spiel und verneint deswegen für eine gewisse Zeit alle

---

[121] Rapp, C.: Vorsokratiker. S. 84
[122] So ist auch das von Hans-Georg Gadamer und Martin Heidegger sehr verehrte Fragment 64 „Das Weltall aber steuert der Blitz" zu verstehen.

anderen Spiele, als junger Erwachsener entscheidet man sich für einen Beruf und verneint zugleich das Erlernen anderer.

Gewährung von Freiheit, aber eben auch Grenzziehungen und Einschränkungen, sind ein Geschenk. Diese Erziehung schenkt das innere Bild der Freiheit und anderer Werte und es kann sich *logisch* nicht anders bilden.[123] Wer situativ und temporär notwendige Einschränkungen aus falsch verstandener Freiheitsliebe verhindern will, erweist der Einzelperson wie dem Gemeinwesen einen Bärendienst, weil durch das temporäre Fehlen der Einschränkung, kein individueller Freiheitsbegriff entstehen kann.[124]

Bei Menschen, welche die Freiheit nicht schätzen, liegt die Vermutung nahe, dass sie tatsächliche Unfreiheit und die Folgen daraus nicht kennen. Darin liegt auch eine permanente *Gefahr für die Demokratie aus sich selbst heraus.* Wer nur die guten Zeiten und die positiven Seiten kennt, wird blind für ihre Bedrohung. Nicht, weil er sie nicht sehen will, sondern weil er sie nicht sehen kann. Sein Freiheitsbegriff ist nicht hinreichend ausgeprägt und kann es auch nicht sein. Eine wichtige Folgerung aus der Philosophie Hegels und Heraklits.

Die innere Verflechtung von Freiheit, Würde des Einzelnen und zugleich Einschränkung der Freiheit, um das Ziel einer freiheitlichen Gesellschaft zu erhalten und im Fall des Falles auch wirkungsvoll verteidigen zu können, spielte in der Inneren Führung schon immer eine Rolle. Wir nehmen einen Blick auf die direkten Anfänge der Bundeswehr und den Auftrag, Innere Führung zu formulieren. Eberhard Wagemann, der hier selbst Ulrich de Maizière zitiert, schreibt dies so: „ 'Die zu lösende Aufgabe hieß, zwischen den überzeitlichen soldatischen Werten und den zeitbedingten neuen Voraussetzungen eine Synthese zu finden. Es galt eine soldatische Ordnung zu verwirklichen, die vom

---

[123] Das Thema Freiheitserziehung durch Grenzsetzung wurde erstmalig bei J.J. Rousseau in seinem Erziehungsroman „Emil – Oder über die Erziehung" thematisiert. Dieses Buch hatte nachweislichen Einfluss auf Immanuel Kant und das gesamte Zeitalter der Aufklärung.

[124] Beim Wert der Gesundheit verhält es sich ganz genauso. Wer nicht weiß, was Krankheit bedeutet, kann die Gesundheit nicht schätzen und auch die zeitliche Begrenzung des Lebens durch das Ende der Zeit, den Tod, zeigt erst den Wert der Zeit an.

Gedanken der staatsbürgerlichen Rechte und Pflichten ausgeht, Einordnung und Gehorsam aus Einsicht und Zustimmung anstrebt, aber auch jenes Quantum Zwang hinzufügt – und Befehl ist nun einmal Zwang –, den die Erfüllung der soldatischen Aufgabe erheischt, wenn Einsicht nicht ausreicht oder fehlt. Nicht „weich" ist der Staatsbürger in Uniform gedacht, sondern „hart", härter vielleicht als jemals zuvor; aber gehärtet in einer sinnvollen, auf den Ernst der Anforderungen eines Krieges ausgerichteten Ausbildung, die zugleich die persönliche Ehre und Menschenwürde des einzelnen achtet.""[125]

Es gäbe noch viele Belege für den Wert, den die Innere Führung kontinuierlich auf den Gehorsam aus Einsicht legt. Eine mögliche echte Einsicht wurde versucht mit Hegel zu begründen. In zwei Sätzen formuliert heißt das: Demokratische Werte bilden sich nur im abwechselnden Zusammenspiel zwischen komplementären Gegensätzen. Dies beinhaltet die logische Notwendigkeit, alle Seiten der Medaille zu kennen, weil sonst kein inneres Bild, kein persönlicher Wert, entstehen kann. Dieses Kennen bedeutet aber nicht, dass notwendigerweise alles durchlebt werden muss. Dem durchschnittlich Intelligenten genügt beispielsweise die Vorstellung vom Gefängnis, um zu entscheiden, dass man ein solches Leben nicht möchte.

Um Missverständnisse zu vermeiden, soll noch darauf hingewiesen werden, dass zwar das Komplementäre den Wert hervorbringt, jedoch nicht, indem Gegensätze gleichzeitig existieren. Die von Hegel formulierte *Identität von Identität und Nichtidentität* bedeutet zwar eine Einheit, aber keine Gleichzeitigkeit. Vor allem ist damit nicht gemeint, dass sich Widersprüche dadurch nivellieren würden, indem alles „irgendwie" das gleiche wäre. Mit Blick auf Heraklit, der von Anfang an dieses Buch begleitet und in dessen Weiterentwicklung auch Hegel zu sehen ist, lässt sich folgendes feststellen: „Interaktionen zwischen Gegensätzen (sind) ein natürlicher Vorgang, der für den Fortbestand der uns bekannten Welt notwendig ist."[126] Dabei soll kein Gegensatz fortlaufend dominieren, sondern es muss eine Balance bzw. ein gleichbleibendes Maß gewahrt werden.

---

[125] Maizière, U. de zitiert von: Wagemann, E.: Fortwirkende Impulse für die Innere Führung. S. 118 Zum Handeln aus Einsicht vgl. auch Baudissin, W.v.: Innere Führung. In: Grundwert Frieden. S. 289
[126] Rapp, C.: Vorsokratiker, S. 84

Die passende Verbindung der komplementären Gegensätze bedeutet also nicht, dass alles gleich wäre, sondern dass jedes seine Existenz und Berechtigung hat. Um im Geflecht der Widersprüchlichkeiten Spur halten zu können, ist ein stets wacher Verstand (*logos*) vonnöten, der aber mehr meint als ein Wissen um Sachverhalte, sondern auch die Bedeutung von verinnerlichen, beherzigen, miterleben oder gar miterleiden hat. Heute würde man dies vielleicht als Einheit von intellektueller und emotionaler Intelligenz bezeichnen können.

Diese tatsächlich in allen Facetten des Dienstes und im Leben erworbenen Werte sind wertvoll und bieten die Chance, im Laufe der Jahre eine wetterfeste Haltung zu entwickeln. Ohne Herausforderungen und das Durchleben und Durchdenken von Gegensätzlichkeiten bilden sich keine Werte. Wagemann zitiert erneut de Maizière: „'Durch einen hohen Stand der Ausbildung, der Ausrüstung und der *inneren Haltung* aller Soldaten täglich' wird der Friede gesichert. Es gibt also für de Maizière ‚keinen Widerspruch zwischen Friedenssicherung und Kampfbereitschaft'."[127]

Interessant ist, dass Kampfbereitschaft und Friedenssicherung direkt im Nachgang an das Zitat zur inneren Haltung, als „*unaufhebbare Paradoxie des militärischen Dienstes*" bezeichnet werden. Man kann das so nicht stehen lassen. Der entscheidende Aspekt wurde übersehen. Die hier im Buch angeführten Überlegungen zur Identität und der daraus möglichen demokratischen Ideal- und Wertebildung, bei Hegel das Absolute, gehen den entscheidenden Schritt weiter. Es geht nicht um *Paradoxie im Soldatenberuf*, sondern um *Parallelität im Erleben und Denken*, wo sich im komplementären Gegensatz erst herausbildet, worum es geht und wofür man als Demokrat steht und eintritt.

---

[127] A.a.O. S. 122

4.5   Fünftes Axiom:

Deine Existenz im Blick – Demokratie wird als Identität im Anderen verteidigt. – Identitätsprinzip

Dass wir Menschen Wesen sind, die auf Gemeinschaft ausgerichtet sind, woraus sich auch Verantwortung für den anderen ergibt, ist ein Gemeinplatz. Die *Identität im Anderen* meint aber mehr. Dieses „Mehr" ist aber kein quantitatives Vermehren, sondern eine qualitative Zuspitzung, die deswegen schwierig zu erfassen ist, weil in Gedanken zur Gemeinschaft eine wahre Sintflut wohlfeiler Begriffe vorzufinden sind. *Achtung* und *Achtsamkeit* charakterisieren eine echte Gemeinschaft, die sich auch durch *Respekt* und *Würde* auszeichnet. *Empathie, Toleranz* und *Wertebasis* dürfen nicht vergessen werden. Damit soll nicht in Abrede gestellt werden, dass diese Begriffe mit der Gemeinschaft in einem Staat, den es zu verteidigen gilt, in enger Verbindung stehen. Sie stellen aber nur eine Verbindung, eine gewisse Schnittmenge, zwischen Einzelpersonen her, was mit *Identität* wenig zu tun hat.

In der Regel legen die Begriffe, die sich um die „Gemeinschaft" scharen, eine Grenze zwischen mir und dem anderen fest. Das hat Tradition in unserem Kulturkreis. Viele Jahrzehnte der Individualisierung bzw. Diversifizierung liegen hinter uns. In einem Kinderlied von „Abenteuer mit Kess" heißt es: „Ich bin ich und du bist du". Zwar wird auch das gemeinschaftliche Bewältigen von Aufgaben angesprochen, aber auf der besonderen Individualität eines jeden einzelnen wird in jedem Refrain beharrt, was in weiten Kreisen als pädagogisch wertvoll gilt. Beim „Respekt" verhält es sich genauso, denn es soll vor allem das Anders-Sein respektiert werden. Dies bezeichnet einen möglichen Ansatz für einen *modus vivendi*, den jeder im Grunde so gestalten kann, wie er will. Im Grunde ist es nämlich so, dass Respekt und Toleranz keine Gemeinschaft stiften. Im Gegenteil, sie betonen Abgrenzung und Verschiedenheit, denn man respektiert im Mitmenschen das Anders-Sein und nicht die Ähnlichkeit mit einem selbst und man toleriert die andere Meinung und Lebenseinstellung, die doch sehr von der eigenen abweichen kann. Deswegen muss für den Soldaten, der auf Kameradschaft und Kampfgemeinschaft angewiesen ist, eine andere Art von

Gemeinschaft gelten, welche die Grenzen der Individualität nicht betont, sondern Identität stiftet. Für die Innere Führung einer demokratischen Streitkraft muss also ein anderer Zugang zur Gemeinsamkeit gefunden werden, der sich vom gewöhnlichen Miteinander sonstiger Lebens- und Arbeitsbereiche unterscheidet.

Das Wesen der westlichen Individualität lässt sich mühelos aus der religiösen Tradition herleiten, auch wenn das religiöse Bekenntnis abgenommen hat und wenn der Staat, wie z. B. in Frankreich, sich bewusst laizistisch definiert, so ist doch die Denkform mit dem Individuum als Zentrum gleichgeblieben.

Auf der einen Seite: Religiöse Individualität zeigt sich besonders deutlich am Begriff der „Auserwählung". Ist es im Judentum noch sehr das auserwählte Volk, also eine „Gruppenindividualität", die aber auch den auserwählten Einzelnen (Anführer aus der Unterdrückung, Könige, Propheten) kennt, so ist es im Christentum ganz der Einzelne. Er wird bei der Taufe mit Namen angesprochen, er erhält eine Berufung und die Verantwortung für sein Leben und es wird ihm eine individuelle Auferstehung vorausgesagt. Die Ausrichtung auf das Individuum ist unverkennbar und wird von der Philosophie - spätestens beginnend in der Renaissance bis in die Moderne - nicht in Frage gestellt, sondern betont.

Auf der anderen Seite: Die Grenzen zwischen Individuum und Gesellschaft, zwischen mir und dem anderen verschwinden, wenn mir bewusst wird, dass wir alle *nicht in einer Abgrenzung voneinander, sondern in einer Gleichung miteinander* leben. Das Ich ist (=) der Nicht-Andere und definiert sich nur so.

Emanuel Levinas denkt ganz aus der Schule Hegels heraus. Der Anklang zur Individualität im vierten Axiom ist beabsichtigt und bereitet den neuen Gedanken vor. Ohne den anderen keine Individualität! Wer es etwas philosophisch haben möchte: Zwischen mir und dem anderen besteht eine ontologische Gemeinschaft, es ist *ein gemeinsames Sein im Selbst und im Anderen.* Und damit ist auch klar, warum die Worte „Verbindung" und „Gemeinschaft" zu schwach sind. Emanuel Levinas spricht von „Verkettung" und „Geisel des Anderen", das trifft es besser.

An dieser Stelle sei auf die Systematik der Inneren Führung zurückverwiesen, die ich hier nur resümierend erwähnen möchte: Jeder von uns wird nur er selbst durch den anderen. Am deutlichsten wird dies in der Situation des Kleinkindes, das ohne Liebe und Fürsorge nicht nur nicht zu einer selbstbewussten Individualität herauswachsen würde, sondern sogar versterben würde, wenn sich niemand emotional kümmert und damit ein anderes Ich kenntlich macht.[128]

Warum sind diese auf Levinas zurückzuführenden Gedanken für Soldaten so wichtig? Im alltäglichen Dienstbetrieb mag es ausreichen, wie unter Kollegen zusammenzuarbeiten. In Einsatz und Krieg reicht das nicht. Das Überleben hängt von Entscheidungen der Vorgesetzen, den gemeinsamen Fähigkeiten und von der Kameradschaft untereinander ab. Wenn man den gedanklichen Sprung wagen möchte, ist es in der Kampfgemeinschaft ein Stück weit wie in der Anfangsphase des Lebens, nämlich eine existenzielle Abhängigkeit, eine „Verkettung" mit dem anderen, ohne den man im Kampf nicht überleben würde und den Auftrag nicht erfüllen könnte.

Die Kriegserfahrung aus dem Lied „Vom guten Kameraden" darf hier aufgegriffen werden. Dort heißt es: „Er liegt zu meinen Füßen, als wär's ein Stück von mir." Kaum einer heute kann erfassen, was dies wirklich bedeutet, die wir im Frieden aufgewachsen sind. Der Text belegt in seiner Schlichtheit aber genau das, worum es für den Soldaten geht und was zu seinem Beruf untrennbar gehört, nämlich töten und getötet werden. Und eben auch die gemeinsame Hoffnung zu überleben und wenn dies für den Kameraden nicht gelingt, stirbt auch ein Teil von mir.

Die eigene Fähigkeit im Krieg zu existieren, hängt von anderen ab. Es mag schon sein, dass die übliche und im Zivilleben bewährte Zweiteilung zwischen mir und dem anderen in Achtung, Respekt und gegenseitiger Ergänzung ganz gut funktioniert und es ist nichts Schlechtes dabei. Beim Spezifischen des Soldatenberufs reicht es nicht mehr aus und dies aus zwei Gründen:

1. Die *Kameradschaft* hat ein die Individualität auflösendes Moment. Gerade in Erlebnissen, Berichten und Literatur, die sich mit Krieg und Einsatz beschäftigen, kommt die Grenze der Individualität zum Tragen. Diese existenzielle Anforderung des Weiterlebens funktioniert nur, wenn zwischen Gleichen unter Gleichen kaum ein Unterschied zu

---

[128] Vgl. die Beantwortung der Leitfragen am Ende von Kap. 3.4.

erkennen ist. Diese Verbindung wird bei Tod und Verwundung zum Teil bis ins Trauma hinein gelebt. Dies ist keine philosophische Nebensächlichkeit, sondern das „Auge des Taifuns". Auch nach Kampf und Einsatz bleibt eine seelische Verbindung gerade zu den gefallenen Kameraden. Wie viele Männer sind zeitlebens ein Stückweit bei den verstorbenen Kameraden geblieben, auch wenn sie schon lange wieder „daheim" waren?

Die Reflexion der Einsatzerfahrung der Bundeswehr kommt zu einem ähnlichen Ergebnis. Uwe Hartmann fasst dies folgendermaßen zusammen: „Allen gemeinsam ist die Darstellung der hohen körperlichen und psychischen Belastungen von Soldaten im Einsatz. Viele sprechen offen an, dass sie unter Erschöpfung litten und phasenweise nicht mehr voll einsatzfähig waren. Sie sind sich einig, dass das Waffenhandwerk beherrscht werden muss, dass es darum geht, kämpfen zu können und kämpfen zu wollen, wenn es sein muss. Dies ist auch eine unmittelbare Konsequenz der *Kameradschaft*. Jeder muss sich auf jeden verlassen können. Alle betonen, dass sie häufig Glück hatten, dass Fehler immer passierten und von anderen schnell ausgebügelt werden mussten, damit keine schlimmeren Folgewirkungen auftraten. Dies sind alles Aspekte, die zum guten Soldaten gehören."[129] Besonders wichtig für unsere Überlegungen ist das sog. Ausbügeln von Fehlern, denn hier steckt nichts anderes dahinter, als dass ein Soldat in die Rolle des anderen schlüpft und unter Gefahr das erledigt, wozu der andere im Moment nicht fähig ist. Hier verschwimmen Grenzen der Individualität, um gemeinsames Leben zu retten und den Auftrag zu erfüllen.

2. Die Auflösung der Grenzen zwischen mir und dem Anderen spielt noch aus einem zweiten Grund für den Soldaten eine besondere Rolle, wenn es darum geht, das Recht und die Freiheit des deutschen Volkes tapfer zu verteidigen.

Es reicht in der *Verteidigung* nicht aus, Zeit, Energie und Kapital einzusetzen, um damit für das Land etwas zu tun. Der Unternehmer setzt nur das Zeitliche und Austauschbare ein, *der Soldat das Ewige und Einzige*, nämlich sein Leben. Dies unterscheidet den Soldaten vom Arzt, der Lehrerin, dem Politiker oder der Pflegekraft. Zwar setzt jeder davon

---

[129] Hartmann, U.: Der gute Soldat. S. 141f

90

seine Lebenszeit – und damit einen unwiederbringlichen Teil seines Lebens – für die Gemeinschaft ein, aber nicht das Leben selbst. Die Gesundheit und das eigene Leben aufs Spiel zu setzen und damit bewusst für den anderen zu geben, der mir in diesem Falle mindestens genau so viel wert ist, wie ich mir selbst, ist nochmal ein qualitativer Unterschied, der mit Verbindung, Achtung und Respekt nicht zu erklären ist.

Den Gedanken der *Einheit*, der die Grenze zum anderen niedrig hält und die existenzielle Abhängigkeit als das Einzigartige des Soldatenberufs definiert, wird bei Baudissin so beschrieben: „Nur ein guter Staatsbürger kann den Wehrdienst als Teil seiner staatsbürgerlichen Mitverantwortung erkennen; nur *er weiß und fühlt*, was auf dem Spiel steht. Ihn hat die Innere Führung als Ziel. Sie erreicht es, indem sie den Soldaten so ausbildet und führt, dass er durch einen kritischen Verstand und ein waches Gewissen fähig wird, mitzudenken, mitverantwortlich und selbständig zu handeln. (…) Diese Forderung ergibt sich nicht allein aus der Binsenwahrheit, dass Demokratie nicht am Kasernentor aufhört, sondern auch aus der Erkenntnis, dass Einheiten mit Soldaten anderer Haltung im heutigen Kampf auseinanderfallen.“[130]

Dieses Zitat lässt sich sicherlich in viele Richtungen fruchtbar interpretieren. Entscheidend ist aber, dass Baudissin den Soldatenberuf vom Ende her denkt. Das Auseinanderfallen im Kampf muss unter allen Umständen vermieden werden. Mögen frühere Zeiten auf die Angst des einfachen Soldaten vor dem Vorgesetzten vertraut haben, so funktioniert das heute in der demokratischen Zeit nicht mehr. Die gewollte Einheit und der gewollte Auftrag sind wichtig, sonst ist kein Gefechtswert vorhanden.

Die Natur der Sache bringt es mit sich, dass in einer Rede oder in einem Buch mit Argumenten ein Fortschritt erzielt werden soll, Baudissin verweist aber auch auf das Gefühl. Es geht um den Soldaten, der *weiß und fühlt*, was auf dem Spiel steht. Sich in der Einheit der Kameradschaft getragen, gestärkt und angenommen fühlen und zu wissen, dass echte Verlässlichkeit da ist, aber auch das sichere Gefühl, dass Familie und Angehörige Teil der Kameradschaft sind.

---

[130] Baudissin W.v.: Innere Führung. In: Grundwert Frieden. S. 298

Das fünfte Axiom nimmt in besonderer Weise *das Gefühl* in den Blick. Ohne wirkliche Zuneigung ist eine Einheit nicht zu erreichen und ohne Einheit kann kein Auftrag erledigt werden.

5 Möglichkeiten der Inneren Führung – Ein Ausblick

In den fünf Axiomen wurde mit gewissen Ergänzungen und dem Rekurs auf die Gründungsväter der Inneren Führung das bereits in den Vorüberlegungen und in der Systematik Erarbeitete noch einmal aufgegriffen. Damit wird schon eine Zusammenfassung gegeben, die sich an dieser Stelle weitgehend erübrigt.

Was sich aber nicht erübrigt, ist eine abschließende Betrachtung, die dezidiert der Frage nachgeht, die schon in der Hinführung eine große Rolle gespielt hat, nämlich welche Möglichkeiten die Innere Führung hat, um eine *Kritik der Inneren Führung* zu formulieren. Hier werden die *drei Erzählstränge* dieses Buches noch einmal kompakt angesprochen.

1. *Wirkung kann Innere Führung entfalten, wenn die Seele versteht.* Dies zielt auf die Urteilskraft ab, die schon im Anfangszitat von Heraklit zur Sprache kam. „Schlechte Zeugen sind den Menschen Augen und Ohren, wenn die Seele deren Sprache nicht versteht."

Der Vorsokratiker Heraklit verfolgt damit einen ähnlichen Ansatz wie Hegel, indem das Oszillieren, das Abwägen eine Rolle spielt. Clausewitz verhielt sich ähnlich. Was die Sinnesorgane liefern, ist nur eine Wahrnehmung, welche die Interpretation noch nicht enthält. Die Seele als Ursprung des Lebens und zugleich Sitz des Denkens, erschließt die Wirklichkeit.[131] Keine Regel, die sich nur an den Verstand richtet, kann umfassendes Verstehen bewirken. Regeln allein bewirken Leblosigkeit. Es ist zwangläufig, dass bisherige Innere Führung deswegen im Leben der Truppe wenig Platz haben kann, weil sie sich durch Regelfixierung und allzu bekannte Floskeln selbst vom Leben abschnürt. – Watzlawick hat sich dem in den Ausführungen zur digitalen und analogen Kommunikation angenommen. Die Möglichkeiten zum Verstehen einer Situation sind immens vielfältig. Niemand kann diese Wege in Gänze lehren, Beispiele können eine Ahnung davon entwickeln, verstehen muss der Lernende aus sich heraus. Das Lernen der Beispiele (best practice) bringt aber auch keine Handlungssicherheit, weil es nie so viele Fallbe-

---

[131] Vgl. Gadamer H.-G.: Der Anfang der Philosophie. S. 77f

schreibungen geben kann, wie die Realität in einer Minute neue Situationen erschafft. Vorbild, Reflexion und Übung sind die drei Wege des Verstehens. Sie zeichnen den Weltbürger Schillers aus, der auf diese Weise gebildet im konkreten Moment die richtige und passende Entscheidung treffen kann. Schiller spricht in diesem Zusammenhang auch vom Genius. Es hat schon etwas Geniales an sich, im richtigen Moment und in der richtigen Art und Weise, das Richtige und Zielführende zu finden, nachvollziehbar anzusprechen und letztlich umzusetzen. – Eine militärische Vorschrift, die Handlungsanweisungen gibt, kann hier gar nichts bewirken. Im schlimmsten Falle schafft sie eine Scheinsicherheit. Das Denken und die Eignung kann dem Vorgesetzen nicht durch eine Vorschrift abgenommen werden.

Vor allem in einer menschlich, fachlich und politisch bedingten Lage, in der sich der Vorgesetzte der Bundeswehr befindet, ist dies nicht einfach, weil viele Faktoren zusammenkommen. Deswegen ist es auch sinnvoll, den Begriff „Seele" zu verwenden und nicht nur an *Einsicht* in Teilbereiche zu appellieren, was zu wenig wäre. Das Ganze umfasst neben der Einsicht nämlich auch das *eigene Gefühl* und die *Hinwendung* zu den Mitmenschen als dem anderen Ich. Und noch ein drittes kommt zu Einsicht und Gefühl hinzu und das ist der komplementäre Widerspruch, der im Ganzen vorhanden ist und aufzeigt, was alles zeitgleich in einer Situation steckt. Diese Komplexität zu sehen, zu erwägen und – wenn irgend möglich – reifen zu lassen kann auch Zeit beanspruchen und diese sollte der Vorgesetzte haben. Aktionismus und Kurzatmigkeit sind oft keine guten Ratgeber.

Diese Sichtweise hat einen militärisch Handelnden vor Augen, der nicht nur handeln und führen kann, sondern auch betrachten und abwägen. Und tatsächlich ist es so, dass Vorgesetzte, die von den Ansprüchen des Organisierens, Verwaltens und Agierens absorbiert werden, nicht optimal führen. Ihnen fehlt der Geist, in dem sie sich und anderen vergegenwärtigen, warum sie es tun und welche Werte in ihnen leben. Hans-Georg Gadamer formuliert dies mit Blick auf den Logos bei Heraklit folgendermaßen: Es geht um die „Variationen eines und desselben Gedankens, (…) der in der Differenz, der

Spannung, der Gegensätzlichkeit, der Folge und des Wechsels das allein Wahre ist."[132]

Die Gemeinsamkeit des Gegensätzlichen ist mittlerweile eine ungewohnte Denkweise. Ob das Naturwissenschaftliche und Technische das zeitgenössische Denken und Betrachten vorgeprägt haben, kann an dieser Stelle nicht entschieden werden. Der Binärcode ist im Denken aber etwas sehr Neues. Das umfassende Denken unter Einschluss des Gegensätzlichen ist hingegen das tradierte Denken.[133]

Die Verständigkeit der Seele und die Möglichkeit, Innere Führung zu leben, ist ein Abschied vom bipolaren Denken. Die Entscheidung muss zwar eindeutig sein, soll sie befolgt und umgesetzt werden. Der Weg dorthin ist aber breiter, widersprüchlicher, länger und zeitraubender als man glaubt. Mit Bezug auf Heraklit, Schiller, Hegel und Levinas haben wir starke Fürsprecher dieses Denkens. Im Grunde gehört sogar Kant dazu, der in seiner Moralphilosophie mit der Formulierung „des Mittels zum Zweck und *immer auch* des Zwecks an sich selbst" eine Gemeinsamkeit des Gegensätzlichen formuliert. Dass abwägendes Denken auch für Clausewitz eine wichtige Rolle gespielt hat, mag der neuen Inneren Führung einen Weg in die Bundeswehr weisen.

2. *Wirkung kann Innere Führung entfalten, wenn sie argumentierend begründet ist.* Dies zielt auf die Einbeziehung geprüfter und zum Teil seit vielen Jahren immer wieder herangezogener Literatur hin. Ob man richtig liegt, lässt sich mit absoluter Sicherheit im geisteswissenschaftlichen Bereich nie beweisen, man hat aber die Möglichkeit, bei einem etwas breiteren Portfolio an Literatur, das Risiko zu minimieren. Letztlich müssen zudem Argumente und Darstellung den Leser und Praktiker überzeugen, der seine Gedanken, sein Wissen und seine Lebens- und Dienstpraxis im Geschriebenen wiederfindet.

Der Blick auf die Axiome möchte diese Argumentation aufbauen. Zwei Ziele sollen sich hier die Hand geben. Zum einen das Auffinden von demokratischen Grundsätzen und zum anderen deren Darstellung in nicht mehr begründungsnotwenigen Axiomen.

---

[132] Gadamer, H.-G.: Der Anfang des Wissens. S. 17.
[133] Vgl. Pleines, J.: Heraklit. S. 17. Jürgen Pleines weist hier neben Heraklit noch auf Nikolaus von Cues und dessen Lehre von der *coincidentia oppositorum* hin.

a. Der Blick geht hierbei zunächst auf die Gesellschaft, die nach ihren Überzeugungen und Glaubensregeln einen Staat hervorruft, der dem Geist des Gemeinwesens entspricht. Dies nahm seinen Anfang im religiös geprägten Staat und mündet bei Böckenförde und Küng im demokratisch-ethischen Zeitverständnis, worauf sich Verfassung und Gesetze stützen, die sich nicht aus sich selbst bilden, sondern abhängig sind. Diese Einsicht kann auch erschrecken. Im besten Falle motiviert es zum Dienst im und für den Staat, den jeder ein Stück weit prägen kann.

Zur Disposition steht damit aber der immer wieder zu lesende Austausch zwischen Gesellschaft und Bundeswehr, die sich im besten Falle gegenseitig ergänzen und in den Diskurs einbinden sollen. Folgt man dem ersten Axiom, so ist die Richtung klar vorgegeben: Eine Gesellschaft hat die Streitkräfte, die sie möchte und nicht umgekehrt. Der „Diskurs" verläuft in diese eine Richtung, es besteht eine Abhängigkeitsbeziehung der Streitkräfte. (Gesellschaftsprinzip)

b. Aus dem demokratischen Zeitverständnis lässt sich das Zeitlose abstrahieren. Damit ist Innere Führung echte Führung, weil sie nicht „angepasst" werden muss und nicht vom Zeitgeist oder sich ändernden Lagen überholt werden kann, was gerade im Militärischen sehr schnell geschieht. Zeitlose demokratische Innere Führung wendet sich damit zugleich von allem Totalitären ab. Die Väter der Inneren Führung nahmen daraus die Motivation zur Formulierung einer Abkehr von Geist und Organisationsstruktur der Wehrmacht. Diese Zeit gilt bis heute fort. (Demokratieprinzip)

c. Der Geist des Staates und die Zeitlosigkeit der Demokratie sind das eine, der Soldat als Person, der dies zu leben und im Ernstfall zu verteidigen hat, ist das andere. Der Vorgesetzte rückt in das Blickfeld. Er soll alle Seiten der Medaille kennen, selbst im Sinne Schillers ein Weltbürger sein und sich in seinem Urteil üben und Vorbild sein. Das Gegensätzliche fügt sich zum Ganzen und sein Verstehen bietet die Möglichkeit, dass er von seinen Leuten auch verstanden wird. Eine Garantie wird es dafür nie geben, aber es *kann* gelingen. (Personalitätsprinzip)

d. Durch Verständigkeit kann auch das „unauflösliche Paradoxon des Soldatenberufs" überwunden werden, was de Maizière noch nicht möglich war. Hegel nimmt den seit frühester Zeit bekannten

96

Ansatz der Vereinheitlichung des Gegensätzlichen auf. So kann sich eine Idee von Freiheit und anderen Werten entwickeln, die nur ihren Wert durch ihr komplementäres Gegenteil erhalten. Gerade die Innere Führung ist ohne die Schrecken des Weltkrieges nicht verstehbar, von Anfang an ist sie ein Produkt des Gegensätzlichen, weil sie von Menschen erdacht und umgesetzt wurde, die aus dem Unfreien und Undemokratischen den Willen zur Freiheit in das Wesen der Bundeswehr integriert haben. Ohne sie ist die Bundeswehr nicht vorstellbar und dass diese auch ihrem militärischen Auftrag gerecht werden kann, haben die ersten Jahrzehnte gezeigt. Dass zur Erfüllung des Auftrags Freiheiten eingeschränkt werden können, gerade um deren Wert zu betonen, wurde dargelegt. (Komplementärprinzip)

e. Dass Innere Führung alle Facetten der Wehrbereitschaft – und damit auch den kriegerischen Einsatz – einschließt, zeigt sich an der Demokratie, die als Identität im Anderen verteidigt wird. Die Soldatinnen und Soldaten der Bundeswehr können sich dadurch in der soldatischen Gemeinschaft als das begreifen, was sie sind: Im Ernstfall sind sie Teil der Kameradschaft, welche die Grenze zum anderen immer mehr übersieht, weil ich nur durch die anderen geworden bin, was ich bin und dadurch mehr als eine „Gemeinschaft" entsteht. Kielmansegg nennt es „Verkettung", Levinas „Geisel des Anderen". Das Ergebnis ist das kameradschaftliche Leben, wobei der andere ein Teil von mir und ich ein Teil von ihm bin. Dass dies praktisch die einzige Möglichkeit ist, in tödlicher Gefahr gemeinsam zu überleben und zugleich den Auftrag erfolgreich zu erfüllen, mag als gesichert gelten. (Identitätsprinzip)

3. *Wirkung kann Innere Führung entfalten, wenn sich jeder Angehöriger der Streitkräfte als Akteur sieht und gesehen wird.*

Der eigenverantwortliche Soldat ist in der Inneren Führung nichts Neues. Schon die lange so genannte „Auftragstaktik" basiert darauf. Der aktuelle Blick auf die Bundeswehr mag es aber rechtfertigen, einige abschließende Gedanken zu formulieren, die nicht nur im Blick haben, was aus geisteswissenschaftlichen Gründen möglich ist. Es darf im Zuge einer Kritik der Inneren Führung als Aufzeigen des Möglichen auch angemerkt werden, was möglich sein *könnte* und – angesichts der Herausforderungen eines Krieges in Europa – auch möglich sein *sollte*. Dabei kann es hier nicht um die vielen Verbesserungsmöglichkeiten für die Bundeswehr gehen, sondern nur um die *Haltung*, in der sich Innere Führung tagtäglich zeigt und Aufgaben sinnvoll angegangen werden können.

Ein Blick in die Antike erscheint hier sinnvoll zu sein, und dieser darf sich nicht auf Historiker und Altphilologen reduzieren. Das antike Recht fußt auf drei Säulen: Den *Grundsätzen*, der *Urteilskraft* und den *Privilegien*.[134] Um Grundsätze bzw. Axiome geht es auch in diesem Buch und über die Notwendigkeit der Urteilskraft wurde mehrfach gesprochen; deswegen der Exkurs auf das antike Forum.

Grundsätze entsprechen dem, was die Römer unter dem Zwölftafelgesetz verstanden. Es war öffentlich auf dem Forum zeitlos in Stein gemeißelt und schlechthin *der* Bezugspunkt der Fallbeurteilung in den Gerichtsreden zur Klärung eines Sachverhalts.

Urteilskraft musste bewiesen werden, indem der Beurteiler und Redner den Einzelfall in all seinen Verästelungen auf diese Grundsätze zurückführen und einordnen konnte. Aber auch die andere Richtung ist denkbar, nämlich den Grundsatz zu entfalten, um dann den Einzelfall als Beispiel für das große Ganze dastehen zu lassen. Ohne Urteilskraft, Scharfsinn, abwägendes und damit dialektisches Denken ist hier kein Ergebnis zu erwarten.

Die *Privilegien* sind der Bereich, der im Verständnis am sperrigsten sein dürfte, weil er hauptsächlich in den Begriffen Adelsprivilegien oder Privilegien der Reichen überlebt hat. Diese bedauerliche Bedeutungsverschiebung, die dieser Begriff erfahren hat, hat seinen Wert für die Gesellschaft und das gute Miteinander komplett verunglimpft. Es gilt *in der Praxis*, und das römische Recht ist – genauso wie gute Führung – nur auf die Praxis orientiert, immer wieder auch konkurrierende Grundsätze, nicht eindeutige Zuordnungen oder belastende Umstände zu berücksichtigen. Dabei kann vorkommen, dass eine Entscheidung auf widersprüchliche Grundsätze bezogen werden kann oder nach einem Grundsatz schlicht unpassend oder unmenschlich wäre. Und genau in diesem Fall dürfen *für dies eine Mal* (*pro hac vice*) Privilegien gewährt und das gesonderte Recht (*privus lex*) über das allgemeine gestellt werden.

---

[134] Wanninger, Th.: Bildung und Gemeinsinn. S. 23-29

In der Geschichte der Bundeswehr ist die Gewährung und Inanspruchnahme von Privilegien nichts Unbekanntes. Aus Erzählung oder eigener Erfahrung sind Truppenführer bekannt, die trotz anders lautender Vorschrift oder Befehl, aufgrund eigener Entscheidung im begründeten Einzelfall davon abgewichen sind. Dies kann im speziellen Fall die einzige Möglichkeit sein, sowohl dem Auftrag zu dienen und zugleich die Belange der Soldaten zu berücksichtigen. In der panischen Angst vor angeblichem Amts- und Machtmissbrauch sind diese Menschen- und Truppenführer aus der Mode gekommen. Zur Einsatzbereitschaft einer Streitkraft gehört jedoch nicht nur eine ausreichende Ausstattung und Ausrüstung, sowie wehrwillige und wehrfähige Soldatinnen und Soldaten, aus einer ebenso gesinnten Bevölkerung, sondern auch verantwortungsvolle und in ihrem Bereich mächtige Führungspersönlichkeiten, die wirklich lenken können und lenken dürfen.[135] Kein Geld und keine – fast immer im binären Denken verhaftete – Vorschrift dieser Welt kann sie ersetzen. Auf allgemeines Vertrauen und ihr Soldatenglück sind sie angewiesen.

Dass diese Führung mit Grundsätzen, Urteilskraft und Privilegien über die Jahrzehnte abhandenkam, ist nicht nur bedauerlich, sondern schwächt die Einsatzfähigkeit. Wie schon bei Clausewitz zu sehen war, ist die abwägende und viele Aspekte realisierende Geisteshaltung des Menschen- und Truppenführers die gleiche. Die ängstliche Selbstfesselung durch Gesetzesgläubigkeit, Misstrauen und Frustration führt automatisch in eine nicht einsatzfähige Streitkraft.

Ob durch die *Kritik der Inneren Führung* eine neue Erzählung gelungen ist, mag jeder selbst beurteilen. Was jedoch hoffentlich erreicht wurde, ist eine systematische Aufstellung und geisteswissenschaftliche

---

[135] Losgelöst vom geisteswissenschaftlichen Diskurs, soll zumindest in einer Fußnote darauf hingewiesen werden, wie viel Entscheidungsfreiheit die verschiedenen Bundesämter der Bundeswehr die Truppe gekostet haben. Auch wenn Organisationsveränderung nicht das Anliegen dieses Buches ist, führt an einem diesbezüglichen Umdenken kein Weg vorbei. Dies kann durchaus auch die Auflösung gewisser Bereiche beinhalten.

Begründung der Inneren Führung und zugleich ein Aufzeigen, dass fast alle Elemente einer neuen Erzählung in der alten schon enthalten sind.

Ein persönliches Wort zum Schluss: Nach meiner Überzeugung sind wir in der bisherigen Inneren Führung der Bundeswehr tatsächlich an ein Ende gekommen. Neuerungen gibt es allemal nur, wenn neue Themenbereiche administrativ zugewiesen werden. Mit einer tatsächlichen Konzeption der Inneren Führung beschäftigt sich niemand. Altbekanntes wird oft nur neu sortiert, was den Erkenntnisgewinn sehr begrenzt. – Vielmehr ist die Innere Führung lexikalisch zementiert; Begriffe der Inneren Führung erklären sich gegenseitig.[136] Dieses Baukastensystem gibt es und es verschafft der Inneren Führung Sicherheit durch interne Definition, errichtet aber für tatsächliche Neuerungen eine hohe Mauer. Innere Führung ist aktuell ein abgeschlossenes System, das auf gesetzesethischen und protestantischen Fundamenten aus der Gründung der Bundeswehr zurückgreift, die unter verschiedenen Überschriften nur immer neu durchmischt werden. Wirklich konzeptionelle Arbeit findet nicht statt.

Die Abgeschlossenheit des Systems wird auch dadurch erreicht, indem immer die gleiche Literatur als Grundlage verwendet wird. Man gewinnt den Eindruck, dass die ganze Innere Führung aus Grundsätzen besteht, die wiederum Grundlagen haben, die sich auf das Grundgesetz bzw. die Gründungsväter, und hier vor allem den gut dokumentierten Wolf von Baudissin, stützen.[137]

Was bedeutet diese Grundlagenfixierung? Es kann bedeuten, dass man ehrlicherweise nicht gut aufgestellt ist und penibel auf das achtet, was man hat und so die immer gleichen Anleihen aus der Vorzeit nimmt. Es fehlt Breite der Aufstellung und ein Konzept. Was bislang Konzept oder Konzeption genannt wurde, ist eine Ansammlung von in der Regel einleuchtenden Gedanken, also ein zumeist plausibles Konvolut. – Plausibilität ist jedoch ein sehr kurzlebiges Gut. Tiefgreifende politische Änderungen, die sich erfahrungsgemäß im Abstand weniger Jahrzehnte ergeben, können von heute auf morgen eine neue Situation

---

[136] Vgl. Reeb H-J. u. Többicke P.: Lexikon Innere Führung

[137] Ein guter Ansatz anderes Denken in die Innere Führung zu integrieren, findet sich bei Baran Fakir. In seiner Schrift „Dialektik der Inneren Führung" (2022) bezieht er sich auf Hegel. Baudissin ist aber allgegenwärtig und scheint im Grunde der einzige zu sein, der sich je mit Innerer Führung beschäftigt hat.

schaffen. Eine Innere Führung, die sich auf Plausibilitäten stützt, handelt naiv und kann innerhalb kürzester Zeit obsolet sein. Bezieht sie sich jedoch auf das Wesen der Demokratie, ist sie immer ihrer Zeit voraus und kann dann standhalten, wenn es tatsächlich hart auf hart kommen sollte.

Was ist positiv zu vermerken? Die Gründungsväter der Inneren Führung haben die Aufforderung Kants *sapere aude!* ernstgenommen und sich des eigenen Verstandes bedient und wie aus dem Nichts Gedanken, Begriffe und Strukturen geschaffen, die aller Achtung wert sind, zumal sie ins operative Tagesgeschäft und in die Vorschriftenlage integriert wurden und nicht im Elfenbeinturm der hehren Absichten geblieben sind. Das schließt aber nicht aus, dass man sich nach Jahrzehnten die Verflechtungen und das Vokabular der Inneren Führung vornimmt und Neuerungen vornimmt, die aus dem Gewohnten einen Weg suchen. Ich würde behaupten wollen, sie hätten es sogar gefordert.

Der hier nochmals angesprochene Anfang der Inneren Führung mag es rechtfertigen, die Frage aufzuwerfen, *wo wir in der Inneren Führung insgesamt stehen.* Nach meiner Überzeugung sind wir noch lange an kein Ende gekommen. Die ersten Jahrzehnte der Inneren Führung der Bundeswehr muten an wie der Beginn der Philosophie im antiken Griechenland bei den sogenannten Vorsokratikern. Diese hatten auch nichts anderes zur Verfügung als eine *ausgefeilte Sprache, Dialogpartner* und *das eigene Denken.* Strukturierte Schriften sind kaum überliefert. Die Denker der frühen Antike zeigten ein ursprüngliches Wissen aus sich selbst heraus und aus der abwägenden Betrachtung der Menschen, der Natur und der Gestirne.[138] Dies erinnert stark an den Beginn der Inneren Führung, die sich ab der Himmeroder Denkschrift formuliert und dort noch wie ein Fremdkörper unter all den militärfachlichen Überlegungen wirkt. Ein ausformuliertes inneres Gefüge der Wehrmacht gab es nicht. Niemand hatte dies in der Form vorher getan. Baudissin, de Maizière und Kielmansegg sind sozusagen die Vorsokratiker der Inneren Führung.

Wenn man diesem Gedankengang folgen will, ist aber auch klar, wo wir in der Inneren Führung stehen: Am Ende des Anfangs. Es gibt also keinerlei Grund, sich auszuruhen und das bisherige als unverrückbar

---

[138] Vgl. Gadamer H.-G.: Der Anfang der Philosophie. S. 9-42

zu zementieren, wozu eine administrativ ausgestattete Innere Führung von sich aus neigt. Das Ordnen und wirkliche Durchdringen fehlen noch. Die Innere Führung wartet immer noch auf einen Platon und einen Aristoteles, die aus dem Vielen eine Einheit bilden.

Dieses Buch möchte ein Schritt aus der vorsokratischen Zeit der Inneren Führung sein. Klar ist zudem, dass viele originäre Themenfelder nicht ausreichend besprochen werden konnten. Dies gilt für das Spannungsfeld zwischen *Freiheitssicherung und Macht zur Vernichtung*, die bis zur Pulverisierung von Menschen reicht, wenn sie beim Einsatz moderner Waffensysteme von jetzt auf gleich zu Staub verglühen. – Zwei weitere Spannungsfelder seien genannt: Zum einen das persönliche *Gestaltungsrecht* eines jeden Einzelnen und dessen *Einschränkung* bis hin zur bewussten Inkaufnahme der eigenen Tötung und zum anderen die *Ausgestaltung des Dienstes*. Dabei ist der Soldat Verwaltungsfachmann, der *administrativ* und regelbasiert tätig ist. Er ist aber auch – und zuallererst – Krieger, der nicht mehr administrativ tätig ist, sondern *archaischen* Regeln folgt und somit den Kampf wollen und führen muss. Hier braucht er die Gabe der rechten Entscheidung und Improvisationskunst im Gefecht. Mit der Geisteshaltung eines „Bleistiftspitzers" wurde noch kein Sieg errungen. – Zudem ist der *Freiheitsbegriff* nicht ausreichend geklärt. Im Buch wird er als „Gestaltungsfreiheit" verstanden, was aber nicht die einzig mögliche Interpretation ist und zudem alles deterministische Denken außen vor lässt. Letzteres hat gerade im 19. Jahrhundert mit der naturwissenschaftlichen und biologistischen Sicht auf den Menschen Raum gewonnen.[139]

Dies alles zielt auf eine Innere Führung, die mehr geisteswissenschaftliches Denken zulässt. Historiker allein, die in der Bundeswehr traditionell stark vertreten sind, können nur bewerten, was vorhanden ist. Was das Ganze soll, wo im Sinne einer Kritik Möglichkeiten aufgezeigt werden und wohin man sich entwickeln will, ist keine historische Fragestellung. Zudem ist nicht geklärt, ob der Beginn der Entwicklung überhaupt ein Ziel hat, das aus dem Beginn „ausgewickelt" werden kann. Das Ende müsste also schon im Beginn enthalten sein. Nur das Ende, bei dem man noch nicht ist, kann die Entwicklung als in sich logischen Progress aufzeigen. Der Anfang wird also erst vom Ende aus

---

[139] Vgl. a.a.O. S. 33ff

sichtbar, wogegen man doch den Weg erst gehen muss, ohne das Ende zu kennen. Ein hermeneutisches Spannungsfeld kommt also zu den typisch militärischen Fragestellungen hinzu.

Empirische Sozialwissenschaften haben ein ähnliches Problem, da auch sie keine Sinnfragen klären können, weil sie den Menschen von ihrem methodischen Ansatz als Objekt verstehen müssen. „Das Verheerende des objektiven Blicks ist von Jean-Paul Sartre treffend beschrieben worden: In dem Augenblick, in dem der andere auf ein beobachtetes Objekt reduziert wird, ist die *Gegenseitigkeit des Blicks* nicht mehr gegeben, und es findet keine Verständigung mehr statt."[140] Und dies, wo doch der Blick und das Gesehen-Werden in der Inneren Führung unersetzlich wichtig sind. – Zudem hilft keine Studie im Moment der Entscheidung. Nur der geübte und abwägende Geist hat die Chance zum richtigen Urteil vor dem Hintergrund eines Entscheidungsumfeldes, in dem auch Zeitdruck, Übermüdung und Gefahr eine Rolle spielen. Diese Denkweise hat die Innere Führung zu fördern, es sei an das Zitat von Kielmansegg vom Speer erinnert, der auf die Spitze hin konstruiert ist und nicht auf den Schaft.

Weder Historiker noch Empiriker beschäftigen sich mit der Zukunft der Inneren Führung, wenn sie in den Grenzen ihrer Disziplin bleiben, denn sie können nur benennen und messen, was schon ist. Orte, wo Urteilskraft als Kernkompetenz für zukünftige Innere Führung im Truppenalltag geübt werden kann, sind beispielsweise im Bereich des Coachings schon vorhanden.

Möglichkeiten, den reichen Schatz der Philosophie zu heben, bleiben hingegen ungenutzt. Ob diese mangelnde Nutzung der geisteswissenschaftlichen Fähigkeiten gewünscht ist oder ob dieser Zugang zur Inneren Führung schlicht vergessen wurde, kann schwer eingeschätzt werden. Vielleicht fehlt es auch an vorqualifiziertem Personal, das in diesem Fall als Quereinsteiger in die Streitkräfte kommen müsste und dann in der Personalentwicklung auch Nachteile hätte, wofür es Beispiele gibt. – Eine Bundeswehr, die zudem gewohnt wäre, in die Zukunft zu blicken, könnte aus sich heraus auch politische Positionen entwickeln, die das Deutungsmonopol der Politik in Frage stellen könnten.

---

[140] A.a.O. S. 40

Ein Soldat, der als Staatsbürger nur so tut, als würde er vorausdenken, ist für Politik und Generalität leichter zu führen.

Der Weg am Ende der vorsokratischen Zeit in der Inneren Führung scheint jedoch vorgezeichnet. Es ist der Weg der Loslösung vom *bipolaren und binären Denken* des geometrisch strukturierten Soldaten hin zum *abwägenden und oszillieren Erfassen*, um dem Kern – der Seele – einer demokratischen Streitkraft auf die Spur zu kommen. Hier wird der Identitätsbegriff von Hegel und anderer ähnlicher Denker eine Rolle spielen. Mit Rekurs auf Clausewitz mag das dem Soldaten der Bundeswehr kein ungewohntes Denken sein. Die Art und Weise der militärfachlichen Überlegungen und das abwägende und vereinende Denken der Inneren Führung entspringen ein und derselben Haltung des Soldaten.

Ursache und Wirkung geben nicht mehr die Pole des Denkens und Erfassens, entscheidend ist, was beispielsweise Wilhelm Dilthey (1833-1911) als „Wirkungszusammenhang" bezeichnet hat.[141] Es geht nicht um Grund und Folge, sondern um viele Töne, die zusammen *eine in sich logische* Abfolge und *stimmige* Melodie ergeben. Im Kontext der Bundeswehr könnte man dies als „Führungsprozess" bezeichnen, der alle in den Axiomen genannten Prinzipien einschließt und so zur Einsatzbereitschaft und Auftragserfüllung führt. Der Hinweis Diltheys, den Wirkungszusammenhang als Melodie zu verstehen, mag den Blick auf den eleganten Führungsprozess eines guten und souveränen Vorgesetzten lenken. Dass dies nicht nur eine Ästhetik im Sinne eines Zusammenführens von Gegensätzen hat, sondern auch schön zu sehen und zu erleben ist, liegt auf der Hand. Dass ein solcher Führungsprozess zudem Vertrauen in den Chef oder Kommandeur entstehen lässt, muss nicht weiter begründet werden. Und somit ist erneut ein Punkt erreicht, wo die *Innere Führung die Auftragserfüllung erst möglich macht*. Ohne Vertrauen in die Führung ist der Kampf vergebens und aussichtslos.

Und diese Auftragserfüllung darf es in keiner demokratischen Grauzone geben, wie das bei de Maizière und dem sogenannten „Paradoxon der Soldatenberufs" noch angeklungen ist, wo mit scheinbar undemokratischen Mitteln, also mit Gewalt, die Freiheit verteidigt werden soll.

---

[141] Vgl. auch a.a.O. S. 28

Es gibt dieses Paradoxon nur im bipolaren Denken, aber nicht beim Denken in Wirkungszusammenhängen.

Mit Hilfe der Axiome wurde versucht, Breite und Konzeption in die Innere Führung zu bringen. Da der gedankliche Hintergrund zu den Axiomen aus der Rhetorik von Blaise Pascal stammt, dürfen sie zurecht als „Narrativ" bezeichnet werden und sie sollten ernstgenommen werden. Es geht um die Innere Führung als das *Herz der Bundeswehr*. Die gerne bemühte Trias aus Kopf, Herz und Hand stimmt. Sie besteht aus dem Kopf der militärischen Führungsleistung, aus den Händen, die so viele Dinge in unserer Bundeswehr fachgerecht tun, wie auch die Waffe führen, und eben aus dem Herzen, das allem den Sinn gibt, den Geist des Denkens beeinflusst und den Blick nie von den Menschen nimmt, für die wir alle dienen.

Wenn das Herz der Bundeswehr richtig schlagen soll, setzt es ein Rechtsverständnis voraus, das uns – bis auf rudimentäre Ansätze im Kirchenrecht – abhandengekommen ist. Wir sind es gewohnt, bei allen Fragen neue Regeln zu fordern, um uns damit im Laufe der Jahrzehnte selbst zu fesseln und uns jeder Freiheit und Stärke zu berauben. Befeuert wird diese Haltung durch Angst vor Verantwortung, um einer Minimierung von Karrierechancen zu entgehen. Niemand möchte persönliche Folgen von Fehlentscheidungen tragen, auch wenn sie in der besten Absicht erfolgten. Hinzu kommt: Übersteigerte Gesetzesethik schafft sich aber selbst ab, weil sie keine Ethik mehr ist, die sich notwendigerweise auf Gestaltungsfreiheit berufen muss. Dies wird aber sehenden Auges – nicht nur in der Inneren Führung, sondern in der Bundeswehr insgesamt – in Kauf genommen, weil diese Folgen niemandem persönlich angelastet werden können.

Die Konsequenz daraus ist aber auch klar: Unser aller Arbeit für die Bundeswehr wird schlechter und schwächt sowohl die Innere Führung als auch die Einsatzbereitschaft, was die Verteidigungsfähigkeit des eigenen Landes gefährdet. – Die weitaus sinnvollere Alternative in Bezug auf die Innere Führung wäre eine zum Habitus gewordene Urteilskraft, die nach wenigen Axiomen ihr Handeln ausrichtet und Innere Führung als ein Geschenk der Demokratie an die Truppe versteht, was erst Handeln aus Einsicht ermöglicht.

Haben wir also den Mut, der Inneren Führung das zu ermöglichen, was sie kann. Das Fazit der Kritik der Inneren Führung mag wie folgt lauten:

Aus dem Geist der Demokratie, das Zeitlose als Führungsprinzip zu gewinnen, um durch die Person des Vorgesetzen in aller Vielschichtigkeit und Widersprüchlichkeit, das Eine im Anderen zu sehen, woraus sich Werte bilden können, die dann als Identität im Anderen gerechterweise auch verteidigt werden.

Literatur:

Adorno, Th. W.: Negative Dialektik. Suhrkamp, Frankfurt/M, 10. Aufl. 2000 (1966)

Bald, D.: Die gespaltene Ausrichtung der Bundeswehr. In: Broszka, M., et al (Hrsg.): Sicherheit und Frieden. Nomos, Baden-Baden, 23. Jg. 2005

Baudissin, W.v.: Grundwert Frieden, hrsg. von Rosen, C.v. Miles-Verlag, Berlin 2014

Böckenförde, E.-W.: Recht, Staat, Freiheit. Suhrkamp, Frankfurt/M 1991

Böckenförde, E.-W.: Demokratie als Verfassungsprinzip. In: Ders.: Staat, Gesellschaft, Freiheit: Studien zur Staatstheorie und zum Verfassungsrecht. Suhrkamp, Frankfurt/M 1992

Bohnert, M.: Innere Führung auf dem Prüfstand. DeutscherVeteranen-Verlag, Hamburg 2017

Bundesministerium der Verteidigung: Innere Führung. Selbstverständnis und Führungskultur. A-2600/1. Bonn 2008

Cicero, M.T.: De oratore / Vom Redner lat./dt. Hrsg. u. übers.: Merklin, H., Reclam, Stuttgart 1986

Drexl R. u. Kraus J.: Nicht einmal bedingt abwehrbereit. Die Bundeswehr zwischen Elitetruppe und Reformruine. FBVerlag, München 2019

Fakir, B.: Zur Dialektik der Inneren Führung. Neubiberg 2022

Gadamer, H.-G.: Der Anfang des Wissens. Reclam, Stuttgart 1999

Gadamer, H.-G.: Der Anfang der Philosophie. Reclam, Stuttgart 1996

Görtemaker, M.: Geschichte der Bundesrepublik Deutschland. C.H. Beck, München 1999

Graf, T.: Zwischen Anspruch und Wirklichkeit: Wie steht es um die Bündnistreue in der Bevölkerung. In: Hartmann, U. et al (Hrsg): Jahrbuch Innere Führung 2021/22. Miles-Verlag, Berlin 2022

Hartmann, U.: Innere Führung. Erfolge und Defizite der Führungsphilosophie für die Bundeswehr. Miles-Verlag Berlin 2007

Hartmann, U.: Der gute Soldat. Politische Kultur und soldatisches Selbstverständnis heute. Miles-Verlag Berlin 2018

Hartmann, U.: Offiziersbibliothek Deutschland. Miles-Verlag Berlin 2020

Hegel, G.W.F.: Differenz des Fichteschen und Schellingschen Systems der Philosophie (kurz: Differenzschrift). Reclam, Leipzig 1981 (1801)

Hegel, G.W.F.: Phänomenologie des Geistes. Hrgs von Wessels, H.-F. und Clairmont, H. Meiner, Hamburg 1988

Heraklit von Ephesos: Fragmente. Artemis & Winkler, Zürich und München 14. Aufl. 2007

Holz, N.: Zurück in die Zukunft. Empfehlungen zur Wiederentdeckung und Weiterentwicklung der Inneren Führung. Miles-Verlag Berlin 2021

Humboldt W. v. In: Andreas Flitner und Klaus Giel (Hrsg.): Wilhelm von Humboldt - Werke in fünf Bänden. Band I: Schriften zur Anthropologie und Geschichte 3. Aufl. 1980

Ilsemann, C.-G.: Die Bundeswehr in der Demokratie. Zeit der Inneren Führung. Decker's Verlag, Hamburg 1971

Janke, R.: Innere Führung verstehen, gestalten, erleben. In: IF 1/23. Zeitschrift für Innere Führung. Koblenz 2023

Jermer, H.: Innere Führung kompakt. Eine Zusammenschau als Lehr- und Lernhilfe. Miles-Verlag Berlin 2019

Kant, I.: Anthropologie in pragmatischer Hinsicht. Königsberg bey Friedrich Nicolovius 1798

Kant, I.: Grundlegung zur Metaphysik der Sitten. (1781) In: Akademieausgabe AA Bd IV, Berlin 1907

Kielmansegg, J.A.v.: Der deutsche Soldat und der 20. Juli. In: Festschrift zum sechzigsten Geburtstag, hrsg. von der Markus-Verlagsgesellschaft, Köln 1966

Kielmansegg, J.A.v..: Einführung des Herausgebers. In: Ilsemann, C.-G.: Die Bundeswehr in der Demokratie. Zeit der Inneren Führung. Decker's Verlag, Hamburg 1971

Küng, H.: Projekt Weltethos. Piper, München 1990

Lange, S.: Fit für das 21. Jahrhundert: Warum die Konzeption der Inneren Führung eine neue Meistererzählung benötigt. In: Hartmann, U. et al (Hrsg): Jahrbuch Innere Führung 2020. Miles-Verlag, Berlin 2020

Levinas, E.: Jenseits des Seins oder anders als Sein geschieht. Aus dem Franz. übers. von Wiemer, Th., Alber Studienausgabe, Freiburg i.Br. 2. Aufl. 1998 (franz. 1978)

Liessmann, K.P.: In der Tiefe und auf der Höhe der Zeit. In: NZZ. Zürich 09.04.2022

Maizière, U. de: Bekenntnis zum Soldaten. R. v. Deckers Verlag, Hamburg 1972

Maizière, U. de: Führen im Frieden. Bernard und Graefe, München 1974

Mangold, A.M.: Das Böckenförde-Diktum, VerfBlog, 2019/5/09

Martin, Th: Innere Führung zwischen Zeitenwende und Megatrends. In: Alumni FüAk online 26. Sept.2022

Neitzel, S.: Deutsche Krieger. Vom Kaiserreich zur Berliner Republik – eine Militärgeschichte. Ullstein, Berlin 2022

Pascal, B.: Die Kunst zu Überzeugen. Verlag Lambert Schneider, Heidelberg 1963

Pleines, J.: Heraklit. Anfängliches Philosophieren. Wissenschaftliche Buchgesellschaft, Darmstadt o.J.

Rapp, C.: Vorsokratiker. C. H. Beck, München 1997

Rautenberg, H.-J. u. Wiggershaus, N.: Die „Himmeroder Denkschrift" vom Oktober 1950. In: Militärgeschichtliche Mitteilungen (MGM), Verlag Braun, Karlsruhe 1/ 1977

Reeb, H.-J. u. Többicke, P.: Lexikon Innere Führung. Walhalla-Fachverlag, Regensburg/Berlin 2003

Rousseau, J.-J.: Emil oder Über die Erziehung (Paris 1762). Schöningh, Paderborn. 11. Aufl. 1993

Sarid, Y.: Siegerin. Aus dem Hebr. von Ruth Achlama. Kein & Aber. Zürich 3. Aufl. 2021

Schiller, F. v.: Über die ästhetische Erziehung des Menschen. Reclam, Stuttgart 1993 (1795)

Schneider, W.: Deutsch für Kenner. Die neue Stilkunde. Piper, München/Zürich, 8. Aufl. 2003

Spiegel online: Bundeswehrsoldaten in Litauen mangelt es an Jacken und Unterwäsche. 25.2.2022

Stauffenberg, B.M.v.: Teil 2 Porträt General Schneiderhan. In: www.youtube.com ARD 2009

Steiniger, A.: Ein Lebemann als Staatsmann. Der Vicomte de Barras. Lizenzausgabe. Deutsche Buch-Gemeinschaft, Berlin u. a. 1953.

Strack-Zimmermann, M.-L.: „Wünsche mir mehr Klarheit und weniger Geschwurbel der Generalität". In: WELT.de vom 18.01.2022

Vico, G.: De nostri temporis studiorum ratione. (1708) Vom Wesen und Weg der geistigen Dinge. Lat./Dt. Wissenschaftliche Buchgesellschaft, Darmstadt 1984

Vico, G.: Liber metaphysicus. (1710) Aus dem Ital. u. Lat. v. Stephan Otto u. Helmut Viechtbauer. Wilhelm Fink Verlag, München 1979

Wagemann, E.: Fortwirkende Impulse für die „Innere Führung". In: Ulrich de Maizière. Stationen eines Soldatenlebens, hrsg. von Domröse L., Mittler und Sohn Bonn 1982

Wagenknecht, S u. Schwarzer A.: Manifest für den Frieden. https://www.Change.org/p/manifest-f%C3%BCr-frieden. 2023

Wanner, M.: Innere Führung – Philosophie der Streitkräfte oder bloße Anleitung zur Menschenführung? In: Elbe, M. (Hrsg.): Philosophie des Militärs. Springer VS, Wiesbaden 2022

Wanninger, Th.: Bildung und Gemeinsinn. Ein Beitrag zur Pädagogik der Urteilskraft aus der Philosophie des *sensus communis*. Bayreuth Univ. Diss. 1999

Wanninger, Th.: Mögliche Grundlegung einer erneuerten Inneren Führung für die Bundeswehr. In: Hartmann, U. et al (Hrsg): Jahrbuch Innere Führung 2021/22. Miles-Verlag, Berlin 2022

Watzlawick, P. et al.: Menschliche Kommunikation. Formen – Störungen – Paradoxien. Verlag Hans Huber, Bern 11. Aufl. 2007

Wendroth, H.: Gute Führung – (k)ein Selbstgänger. Kleine Führungshilfe mit praktischen Hinweisen und persönlichen Anmerkungen. Miles-Verlag, Berlin 2022

Autor*:*

Dr. phil. Thomas Wanninger (Jg. 1971) ist Oberstleutnant d.R. und kommt aus Regensburg. Bei der Bundeswehr diente er unter anderem bei der Gebirgsjägertruppe, als Kompaniechef, am Zentrum Innere Führung sowie als Referent in Höheren Kommandobehörden.

Carola Hartmann Miles-Verlag

Jahrbuch Innere Führung

Uwe Hartmann, Claus von Rosen, Christian Walther (Hrsg.), *Jahrbuch Innere Führung 2009. Die Rückkehr des Soldatischen,* Eschede 2009.

Helmut R. Hammerich, Uwe Hartmann, Claus von Rosen (Hrsg.), *Jahrbuch Innere Führung 2010. Die Grenzen des Militärischen,* Berlin 2010.

Uwe Hartmann, Claus von Rosen, Christian Walther (Hrsg.), *Jahrbuch Innere Führung 2011. Ethik als geistige Rüstung für Soldaten,* Berlin 2011.

Uwe Hartmann, Claus von Rosen, Christian Walther (Hrsg.), *Jahrbuch Innere Führung 2012. Der Soldatenberuf zwischen gesellschaftlicher Integration und suis generis-Ansprüchen,* Berlin 2012.

Uwe Hartmann, Claus von Rosen (Hrsg.), *Jahrbuch Innere Führung 2013. Wissenschaften und ihre Relevanz für die Bundeswehr als Armee im Einsatz,* Berlin 2013.

Uwe Hartmann, Claus von Rosen (Hrsg.), *Jahrbuch Innere Führung 2014. Drohnen, Roboter und Cyborgs – Der Soldat im Angesicht neuer Militärtechnologien,* Berlin 2014.

Uwe Hartmann, Claus von Rosen (Hrsg.), *Jahrbuch Innere Führung 2015. Neue Denkwege angesichts der Gleichzeitigkeit unterschiedlicher Krisen, Konflikte und Kriege,* Berlin 2015.

Uwe Hartmann, Claus von Rosen (Hrsg.), *Jahrbuch Innere Führung 2016. Innere Führung als kritische Instanz,* Berlin 2016.

Uwe Hartmann, Claus von Rosen (Hrsg.), *Jahrbuch Innere Führung 2017. Die Wiederkehr der Verteidigung in Europa und die Zukunft der Bundeswehr,* Berlin 2017.

Uwe Hartmann, Claus von Rosen (Hrsg.), *Jahrbuch Innere Führung 2018. Innere Führung zwischen Aufbruch, Abbau und Abschaffung: Neues denken, Mitgestaltung fördern, Alternativen wagen,* Berlin 2018.

Uwe Hartmann, Claus von Rosen (Hrsg.), *Jahrbuch Innere Führung 2019. Bundeswehr im Aufbruch. Hindernisse von den verteidigungspolitischen Vorstellungen der AFD bis zu den sicherheitspolitischen Meinungen in der Zivilgesellschaft,* Berlin 2019.

Uwe Hartmann, Reinhold Janke, Claus von Rosen (Hrsg.), *Jahrbuch Innere Führung 2020. Zur Weiterentwicklung der Inneren Führung: Themen und Inhalte*, Berlin 2020.

Uwe Hartmann, Reinhold Janke, Claus von Rosen (Hrsg.), *Jahrbuch Innere Führung 2021/22. Ein neues Mindset Landes- und Bündnisverteidigung?*, Berlin 2022.

Uwe Hartmann, Reinhold Janke, Claus von Rosen (Hrsg.), *Jahrbuch Innere Führung 2022/23. Zeitenwende und Kriegsbilder*, Berlin 2023.

Weiterentwicklung der Inneren Führung

Uwe Hartmann, *Innere Führung. Erfolge und Defizite der Führungs-philosophie für die Bundeswehr*, Berlin 2007.

Angelika Dörfler-Dierken, *Führung in der Bundeswehr. Soldatisches Selbstverständnis und Führungskultur nach der ZDv 10/1 Innere Führung. Mit einem Geleitwort des Evangelischen Militärbischofs Martin Dutzmann*, Berlin 2013.

Angelika Dörfler-Dierken/Robert Kramer, *Innere Führung in Zahlen. Streitkräftebefragung 2013*, Berlin 2014.

Holz, Nicolas, *Zurück in die Zukunft. Empfehlungen zur Wiederentdeckung und Weiterentwicklung der Inneren Führung*, Berlin 2021.

Sicherheitspolitik

Wolf Graf v. Baudissin, *Grundwert: Frieden in Politik – Strategie – Führung von Streitkräften, herausgegeben von Claus von Rosen*, Berlin 2014.

Oliver Schmidt, *Deutsche Außenpolitik und die Zukunft der nuklearen Teilhabe in der NATO*, Berlin 2017.

Dirk Freudenberg, *Theorie des Irregulären – Erscheinungen und Abgrenzungen von Partisanen, Guerillas und Terroristen im Modernen Kleinkrieg sowie Entwicklungstendenzen der Reaktion, (3 Bände)*, Berlin 2017.

Markus Reisner, *Robotic Wars – Legitimatorische Grundlagen und Grenzen des Einsatzes von Military Unmanned Systems in modernen Konfliktszenarien*, Berlin 2018.

Helmut Fiedler, *Military Assistance – eine moderne Einsatzart zwischen Anspruch und Wirklichkeit*, Berlin 2019.

Pascal Riemer, *Von der russischen Kriegskunst. Eine Untersuchung der dialektischen Zusammenhänge von Staatsidee und Militärwesen am Beispiel der Sowjetunion und der Russischen Föderation,* Berlin 2021.

Georg Kunovjanek, *Cyber – Die Domäne der vernetzten Unsicherheit. Eine kritische interdisziplinäre Analyse des Krieges der Zukunft und seiner normativen Grundlagen,* Berlin 2021.

Joachim Weber (Hrsg.), *Konfliktraum Arktis. Die Großmächte und der Hohe Norden,* Berlin 2021.

Thomas Jäger, Ralph Thiele (Hrsg.), *Der Politische Islamismus als hybrider Akteur globaler Reichweite. Die liberale demokratische Ordnung muss ihre Resilienz stärken,* Berlin 2021.

Uwe Hartmann, *Die Nato. Mächte und Menschen in der transatlantischen Allianz,* Berlin 2021.

Dirk Freudenberg, *Wehrhaftigkeit der Medienordnung – Rechtliche und rechts-politische Probleme vor dem Hintergrund der Konzeption Zivile Verteidigung (KZV),* Berlin 2022.

Carsten Rechtien, *Trumps Amerika – Eine geopolitische Revolution? Tradition und Neuausrichtung der US-Außenpolitik in der beginnenden Ära Trump, Berlin 2022.*

Hans-Peter Weinheimer, *Bevölkerungsschutz 2030 – Anleitung zur Überwindung eines "bewährten" Systems,* Berlin 2022.

Militär und Gesellschaft

Hans-Christian Beck, Christian Singer (Hrsg.), *Entscheiden – Führen – Verantworten. Soldatsein im 21. Jahrhundert,* Berlin 2011.

Marcel Bohnert, Lukas J. Reitstetter (Hrsg.), *Armee im Aufbruch. Zur Gedankenwelt junger Offiziere in den Kampftruppen der Bundeswehr,* Berlin 2014.

Phil C. Langer, Gerhard Kümmel (Hrsg.), *„Wir sind Bundeswehr." Wie viel Vielfalt benötigen/vertragen die Streitkräfte?,* Berlin 2015.

Eberhard Birk, Peter Andreas Popp (Hrsg.), *Luftwaffenoffizier 21. Das Selbstverständnis des Luftwaffenoffiziers zu Beginn des 21. Jahrhunderts, (aus der Reihe Schriften zur Geschichte der Deutschen Luftwaffe, Band 5),* Berlin 2016.

Alois Bach, Walter Sauer (Hrsg.), *Schützen.Retten.Kämpfen. Dienen für Deutschland*, Berlin 2016.

Marcel Bohnert, Björn Schreiber (Hrsg.), *Die unsichtbaren Veteranen. Kriegsheimkehrer in der deutschen Gesellschaft*, Berlin 2016.

Angelika Dörfler-Dierken (Hrsg.), *Hinschauen! Geschlecht, Rechtspopulismus, Rituale: Systemische Probleme oder individuelles Fehlverhalten?*, Berlin 2019.

<u>Standpunkte und Orientierungen</u>

Dirk Freudenberg, *Auftragstaktik und Innere Führung. Feststellungen und Anmerkungen zur Frage nach Bedeutung und Verhältnis des inneren Gefüges und der Auftragstaktik unter den Bedingungen des Einsatzes der Deutschen Bundeswehr*, Berlin 2014.

Uwe Hartmann (Hrsg.), *Lernen von Afghanistan. Innovative Mittel und Wege für Auslandseinsätze*, Berlin 2015.

Uwe Hartmann, *Hybrider Krieg als neue Bedrohung von Freiheit und Frieden. Zur Relevanz der Inneren Führung in Politik, Gesellschaft und Streitkräften*, Berlin 2015.

Hartwig von Schubert, *Integrative Militärethik. Ethische Urteilsbildung in der militärischen Führung*, Berlin 2015.

Martin Sebaldt, *Nicht abwehrbereit. Die Kardinalprobleme der deutschen Streitkräfte, der Offenbarungseid des Weißbuchs und die Wege aus der Gefahr*, Berlin 2017.

Uwe Hartmann, *Der gute Soldat. Politische Kultur und soldatisches Selbstverständnis heute*, Berlin 2018.

Helmut Jermer, *Innere Führung kompakt. Eine Zusammenschau als Lehr- und Lernhilfe*, Berlin 2019.

Martin Sebaldt, *Das Elend der Strategen. Warum die deutsche Militärpolitik versagt*, Berlin 2020.

Hannes Wendroth, *Gute Führung – (k)ein Selbstgänger. Kleine Führungshilfe mit praktischen Hinweisen und persönlichen Anmerkungen*, Berlin 2022.

Hans-Christian Witthauer, Thomas Saller, *Führung und das 3 Alpha Prinzip. Militärisches Handwerkszeug für den zivilen Führungsalltag*, Berlin 2023.

Offiziersbibliothek

Uwe Hartmann, *Offiziersbibliothek I. Deutschland*, Berlin 2020.

Franz H.U. Borkenhagen, Uwe Hartmann, *Offiziersbibliothek II. Internationale Beziehungen und Sicherheitspolitik*, Berlin 2021.

Einsatzerfahrungen

Artur Schwitalla, *Afghanistan, jetzt weiß ich erst...*, Berlin 2010.

Sascha Brinkmann, Joachim Hoppe (Hg.), *Generation Einsatz. Fallschirmjäger berichten ihre Erfahrungen aus Afghanistan*, Berlin 2010.

Ingo Werners, *Fahren, Funken, Feuern. Hinweise auf die Einsatzvorbereitung*, Berlin 2010.

Rainer Buske, *KUNDUZ. Ein Erlebnisbericht über einen militärischen Einsatz der Bundeswehr in Afghanistan im Jahre 2008*, Berlin 2015.

Marcel Bohnert, Andy Neumann, *German Mechanized Infantry on Combat Operations in Afghanistan*, Berlin 2016.

Alois Bach, Carola Hartmann (Hrsg.), *Unbekannte Helden des Alltags. Soldaten und Ehefrauen berichten über Verantwortung, Humanität und Belastung im Auslandseinsatz*, Berlin 2020.

Kurt Helmut Schiebold, *99 Tage in Afghanistan. Wie der deutsche Einsatz 2003 im Nordosten Afghanistans begann. Aus meinem Tagebuch*, Berlin 2022.

Wiener Strategie-Konferenz

Wolfgang Peischel (Hrsg.), *Wiener Strategie-Konferenz 2016 – Strategie neu denken*, Berlin 2017.

Wolfgang Peischel (Hrsg.), *Wiener Strategie-Konferenz 2017 – Strategie neu denken*, Berlin 2018.

Wolfgang Peischel (Hrsg.), *Wiener Strategie-Konferenz 2018 – Strategie neu denken*, Berlin 2019.

Wolfgang Peischel (Hrsg.), *Wiener Strategie-Konferenz 2019 – Strategie neu denken*, Berlin 2021.

Militärgeschichte

Eberhard Kliem, Kathrin Orth, *"Wir wurden wie blödsinnig vom Feind beschossen". Menschen und Schiffe in der Skagerrakschlacht 1916*, Berlin 2016.

Hans Frank, Norbert Rath, *Kommodore Rudolf Petersen. Führer der Schnellboote 1942–1945. Ein Leben in Licht und Schatten unteilbarer Verantwortung,* Berlin 2016.

Eckhard Lisec, *Der Völkermord an den Armeniern im 1. Weltkrieg – Deutsche Offiziere beteiligt?,* Berlin 2017.

Ingo Pfeiffer, *Heinz Neukirchen. Marinekarriere an wechselnden Fronten,* Berlin 2017.

Joachim Welz, *Erfolgsstory oder Trauma – die Übernahme von Armeen. Lehren aus der Übernahme des österreichischen Bundesheeres in die Wehrmacht 1938 und der Reste der NVA in die Bundeswehr 1990,* Berlin 2018.

Joachim Hoppe, Manfred Wilde (Hrsg.), *Die Unteroffizierschule des Heeres, Die militärische Meisterschule,* Berlin 2016.

Georg Neuhaus, *Am Anfang war ein Speer. Eine Chronographie der Kriegs- und Militärtechnologien,* Berlin 2018.

Hans-Werner Ahrens, *Die Transportflieger der Luftwaffe 1956 bis 1971. Konzeption – Aufbau – Einsatz, (Reihe Schriften zur Geschichte der Deutschen Luftwaffe, Band 8),* Berlin 2019.

Jobst Reller, *Die Anfänge der evangelischen Militärseelsorge,* Berlin ²2020.

Eberhard Frhr. v. Senden, Friedrich Frhr. v. Senden, *Der Erste Weltkrieg 1914–1918. Erlebnisse eines jungen Leutnants,* Berlin 2020.

Hans-Günter Behrendt, *Flugabwehr in Deutschland. Stationierungsorte und Systeme 1956-2012,* Berlin 2021.

Harald Fritz Potempa, *Balkan 1914-1945. Raum und Kleiner Krieg als militärhistorische Kategorien in der Wahrnehmung deutscher Streitkräfte,* Berlin 2021.

Stephan Horn, *Französische und wallonische Freiwilligenverbände im Zweiten Weltkrieg. Politische Implikationen militärischer Kollaboration,* Berlin 2021.

Jörg Beining, *Streng geheim! Elektronische Kampfführung im Kalten Krieg. Die EloKa der Bundeswehr und NATO aus östlicher Perspektive,* Berlin 2021.

Gerd Bolik, *NATO-Planungen für die Verteidigung der Bundesrepublik Deutschland im Kalten Krieg,* Berlin 2021.

Martin Kutz, *Die Schlacht als Männerballett oder Mythos und Militär,* Berlin 2022.

Olaf Rönnau, *Eine totale Institution als Zwischenspiel. Die Kadettenschule der NVA von ihrer Gründung 1956 bis zu ihrer Auflösung 1961,* Berlin 2022.

Stephan Maninger, *Für einige Morgen aus Eis und Schnee – Großbritanniens Kampf um Nordamerika 1754-1763*, Berlin 2022.

Frank Ganseuer, Heinrich Walle, *Die Parlamentsmarine – Geschichte(n) und Porträts zur ersten deutschen Flotte von 1848, Beiträge zur Schifffahrts- und Marinegeschichte Band 21*, Berlin 2023.

Eberhard Birk, *Die Deutschen und ihr Militär. Ein Streifzug mit Variationen und Reflexionen über ein einfach schwieriges Thema*, Berlin 2023.

<u>Erinnerungen</u>

Blue Braun, *Erinnerungen an die Marine 1956–1996*, Berlin 2012.

Klaus Grot, *So war's, damals. Dienstchronik eines Pionieroffiziers im Kalten Krieg 1954–1991*, Berlin 2014.

Gustav Lünenborg, *Bürger und Soldat. Innere Führung hautnah 1956–1993, 1993–2015*, Berlin 2015.

Adolf Brüggemann, *Als Offizier der Bundeswehr im Auswärtigen Dienst. Meine Erinnerungen als Militärattaché in Seoul (Republik Korea) 1978–83 und in Prag (Tschechoslowakei/Tschechien) 1988–1993*, Berlin 2015.

Rainer Buske, *Eine Reise ins Innere der Bundeswehr. Wundersame Geschichten aus einer anderen Welt*, Berlin 2016.

Heinz Laube, *Duell am Himmel*, Berlin 2016.

Viktor Toyka, *Dienst in Zeiten des Wandels. Erinnerungen aus 40 Jahren Dienst als Marineoffizier 1966-2000*, Berlin 2017.

Hans-Eckhard Tribess (Hrsg.), *Im Leben unterwegs – für den Frieden. Festschrift für Wolfgang Altenburg zum 90. Geburtstag am 22. Juni 2018*, Berlin 2019.

Kurt Graf v. Schweinitz, *Notizen im Transit von Krieg und Frieden*, Berlin 2020.

Karl-Otto Behrendt, *Der kurze Bericht über eine lange Zeit. Kriegsgefangenschaft 1945–1953, herausgegeben und kommentiert von Hans-Günter Behrendt*, Berlin 2021.

Hans Peter von Kirchbach, *Herz an der Angel*, Berlin 2021.

Dieter Wolf, *Erlebnisse eines MAD-Offiziers und Leistungssportlers*, Berlin 2022.

Klaus Beckmann, *Dienstweg – kein Durchgang? Als Pfarrer und Staatsbürger in der Bundeswehr*, Berlin 2022.

Bernhard R. Kroener, *Lebensscherben – Hoffnungsspuren. Eine Familie aus Schlesien in den Stürmen des 20. Jahrhundert. In zwei Bänden. Eine dokumentarische Erzählung. Mit einer Familienstammfolge von Peter Bahl,* Berlin 2023.

Schriften zur Tradition

Eberhard Birk, Winfried Heinemann, Sven Lange (Hrsg.), *Tradition für die Bundeswehr. Neue Aspekte einer alten Debatte,* Berlin 2012.

Donald Abenheim, Uwe Hartmann (Hrsg.), *Tradition in der Bundeswehr. Zum Erbe des deutschen Soldaten und zur Umsetzung des neuen Traditionserlasses,* Berlin 2018.

Joachim Welz, *Vom Kontingentsheer zum Reichsheer: Militärkonventionen als Motor der Wehrverfassung,* Berlin 2018.

Donald Abenheim, Uwe Hartmann, *Einführung in die Tradition der Bundeswehr. Das soldatische Erbe in dem besten Deutschland, das es je gab,* Berlin 2019.

Eberhard Birk, Heiner Möllers (Hrsg.), *Die Luftwaffe und ihre Traditionen (aus der Reihe Schriften zur Geschichte der Deutschen Luftwaffe, Band 10),* Berlin 2019.

Hans-Günter Behrendt (Hrsg.): *Erinnerungsorte der Bundeswehr – Personen, Ereignisse und Institutionen der soldatischen Traditionspflege,* Berlin 2020.

Dirk Drews, Stefan Gruhl (Hrsg.): *Oberst Reinhard Hauschild 1921–2005. Traditionsstifter für die Bundeswehr? Gedenkschrift zum 100. Geburtstag,* Berlin 2021.

Dieter Krüger, *Verständigung mit Frankreich. Das vergebliche Plädoyer des Oberst Dr. Hans Speidel. Paris 1940–1942,* Berlin 2021.

Martin Kutz, *Besuch im Soldatenhimmel. Ein wissenschaftlicher Reisebericht aus einer anderen Welt,* Berlin 2022.

www.miles-verlag.jimdo.com